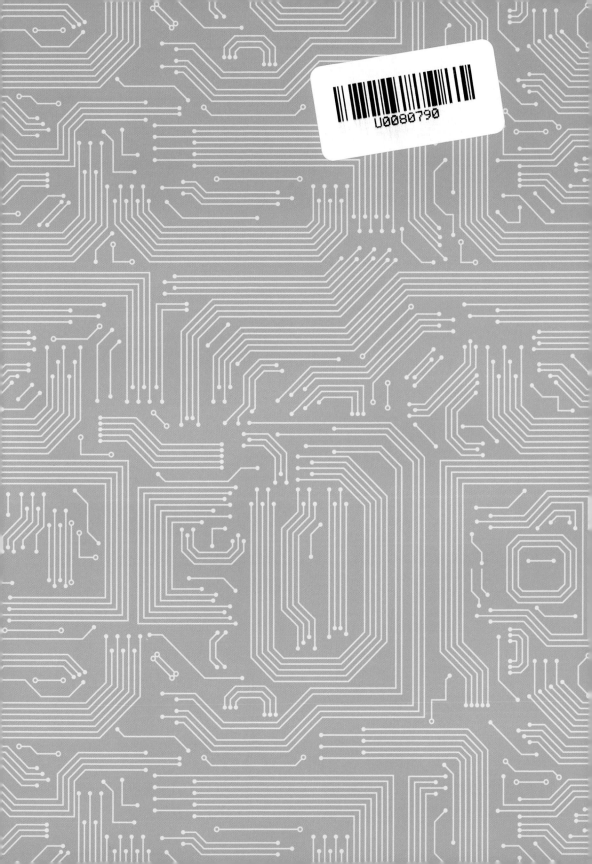

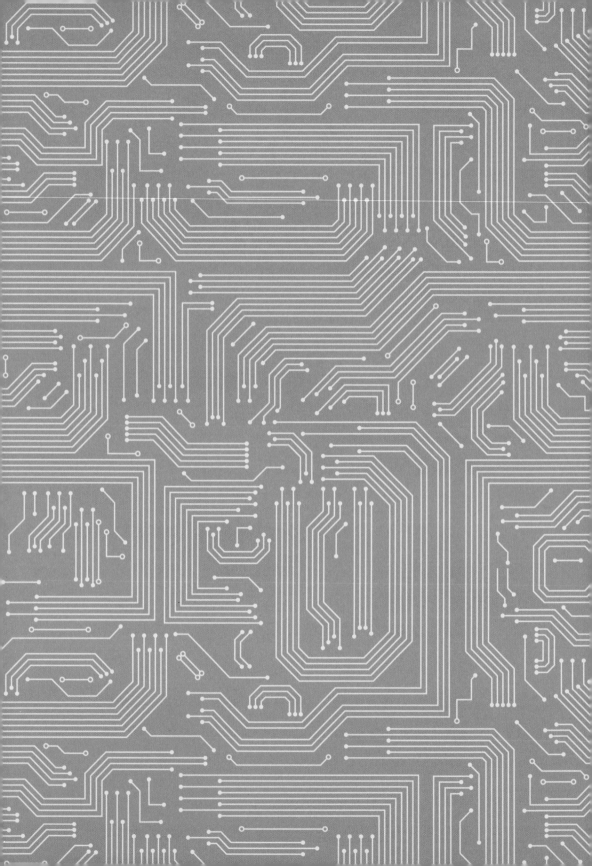

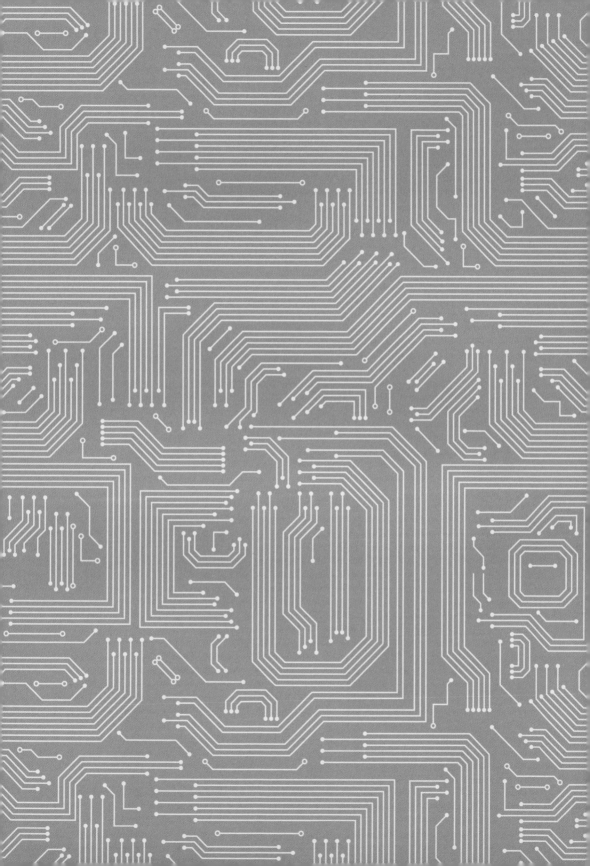

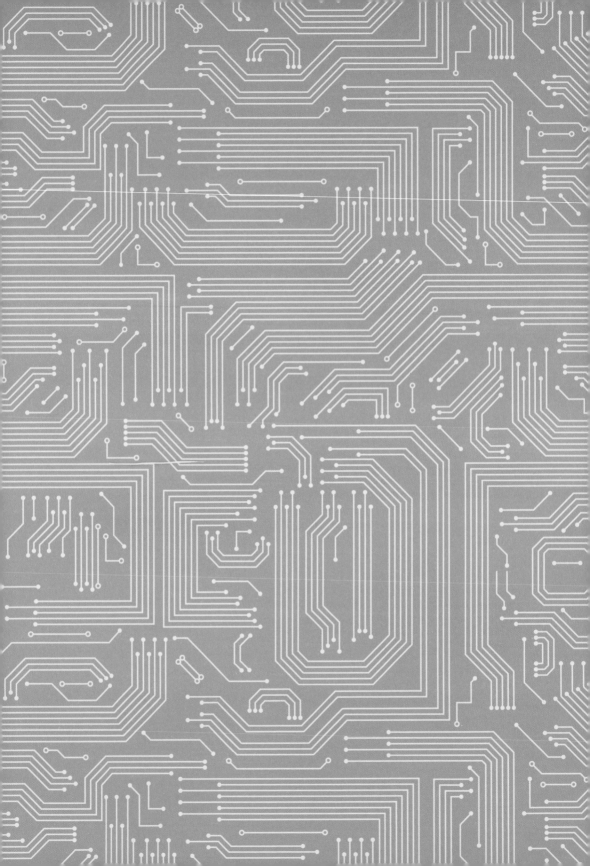

投報率最高!!

第一本
圖解

半導體產業
投資指南

FOREWORD

推·薦·序

財團法人金融聯合徵信中心董事長 | 郭建中

《第一本圖解半導體產業投資指南》的作者之一，廖仁傑教授希望由非半導體及投資專業的人士，為他們的大作寫序文，目的在表明本書可雅俗共賞，雖有違出版市場常理，但也希望看到相關的書籍出版，所以恭敬從命之。

根據一些資料，例如台灣半導體產業協會（TSIA）引用工研院產科國際所數據，2021年台灣IC產業產值達新臺幣40,820億元（USD$1458億），較2020年成長26.7%，佔全球半導體產值之26.2%，但DIGITIMES社長的評估是17.6%。雖然評估結果不同，但台灣IC總產值是全球第2，次於美國；台灣IC設計產值全球第2，也是僅次於美國；台灣晶圓代工產值全球第1，先進製程邁入5奈米以下，並於2020年第二季開始進行量產，技術藍圖也延伸至2奈米。

對於台灣半導體產業的重要性，在這一、兩年，學者專家大致從兩大觀點切入，第一，台灣半導體產業的國際地位、對經濟貢獻度、群聚效應等，尤其是新冠病毒疫情與美中科技戰的這段期間，台灣半導體在全球市場的重要戰略性地位被凸顯出來，特別是台積電成為兵家必爭之地，被要求到美國及日本進行投資設廠。除了台積電的技術藍圖延伸至2奈米，未來不少相關產業的大公司會將其CPU委由台積電進行代工外，聯發科的手機晶片在5G世代的技術和品質也趕上國際大廠，加上日月光等封裝測試大廠的技術和產能，使得我國半導體產業在國際上更顯得重要。

第二，半導體業對於國內GDP、民間投資、出口、附加價值、供應鏈拉抬效果等皆有著顯著的影響。2021年我國GDP成長率達6.57%，其中半

導體業佔GDP的比重已達18%，佔出口比重達37%，同時台積電一家資本支出即達300.4億美元，年增65.4%，佔我國整體民間投資20%。另外，半導體產業也對供應鏈產生一定的正面效果，在2020年總計半導體產業帶動上游原料、設備、運輸倉儲、支援服務等產值超過1.8兆元，創造32.9萬人以上的就業。從上面兩個層面的數據可以看出台灣半導體產業的重要，及其對國內股市的影響。以台積電為例，目前已是國內加權股價指數最大權值股、台積電股價漲跌一塊錢將左右台股指數近8點。根據投資網誌，以2022年1月19日為例，大盤收盤為18227.46點，台積電佔權重大盤比重為28.69%，收盤654元，台積電漲跌一元會影響大盤7.99點。如果從2020年3月27日台積電股價由273元上漲到2021年2月19日652元，再到2022年1月14日672元的高點，然後一路下滑到2022年6月23日的485.5元，由此可看出，在兩年左右台積電的漲跌對台灣股市及投資人的影響有多大！

　　基於上述這種情況，由三位作者，劉傳璽教授、楊志強教授及廖仁傑教授共同合著《第一本圖解半導體產業投資指南》在第一章介紹股票及股票半導體類資訊哪裡找及如何找；第二章如何研判經濟指標、產業、個股及核心衛星配置；第三章如何理解財務報表挑選股票；第四章半導體股票技術分析；第五章統計思維與股票投資；第六章半導體產業介紹等，希望有意願投資半導體類股的人士能從本書中得到相關有用的資訊、知識及技術，在複雜的資訊中，找到有用及精確的資訊，進而進行研判，產出個股及核心衛星配置；然後由財務報表中挑選股票後運用技術在對的時間下，選對類股加以投資。作者的最終目的，是希望投資者能由最強的半導體類股中獲利，也更希望投資者的獲利能帶給半導體產業的直接資本市場健康的發展。

郭建中

FOREWORD 推・薦・序 ————

國立成功大學 智慧半導體及永續製造學院院長
昆山科技大學 綠能科技研究中心主任 | **蘇炎坤**
前昆山科技大學校長

　　台灣半導體產業蓬勃發展，在國際間享有「矽島」的盛名，目前台灣的IC製造／代工業位居全球第一，封裝測試業亦獨占鰲頭，設計業名列第二，記憶體製造業第四。其中台積電公司更被譽為「護國神山」。

　　半導體的應用層面很廣，包括電腦、通訊、控制、車輛、工業電子、國防工業及人造衛星均需要半導體晶片，因此全球先進國家包括美國、日本、韓國、歐盟及中國都投入龐大金額及人力研發及生產晶片，彼此競爭激烈，甚至有人說「得晶片者得天下」。

　　由於半導體產業的蓬勃發展，也造就與半導體相關產業的公司有傲人的業績，甚而推升其股票價值；而如何投資半導體股票，就必須花費很大心力作研究，才能得心應手。台灣師範大學機電工程系劉傳璽教授，結合國泰世華銀行廖仁傑協理及台北教育大學楊志強教授以多年研發成就及經歷共同撰寫《第一本圖解半導體產業投資指南》一書。劉教授是美國Arizona州立大學電機博士，曾在美國紐約IBM公司擔任研發工程師，亦曾任職國內聯華電子公司經理。在半導體行業投入甚多心血，曾經編撰《半導體元件物理與製程理論與實務》及《半導體產業——營業秘密與智慧財產權之理論與實務》，皆為頗受稱讚的暢銷書籍。而廖仁傑協理，是中原

大學商學博士，曾多次在聯合徵信中心、中華民國不動產經營管理協會、台北市建築經營管理協會等十餘個公司或單位及在台科大、台師大、中央大學等名校進行股票投資專題演講。

另一位共同作者楊志強教授是美國北科羅拉多大學測驗統計博士。在台北教育大學曾擔任副校長及校務基金管理委員會投資管理小組召集人。三位作者均學有專精，並經驗豐富，共同編撰本書，相信將引起廣大學界、業界及社會人士的迴響。

本書共分為六個章節，首先介紹股票及股票半導體類資訊如何尋找，接著依序介紹如何研判經濟指標，產業、個股及核心衛星配置；如何理解財務報表挑選股票；半導體股票技術分析；統計思維與股票投資。最後以半導體產業結尾。內容十分豐富，且深入淺出，說明清楚，相信對於半導體類股投資有興趣的讀者一定能獲得很大幫助。

蘇炎坤

FOREWORD

現任中華民國資訊軟體協會理事長、
大同世界科技董事長、大同公司執行副總 | **沈柏延**

台灣產業的質變與量變

台灣整體上市櫃公司2021年全年獲利飆高。創下4.298兆元亮眼獲利數字，預估將有2.5～2.6兆元股息，比起2020年全年淨賺的2.449兆元大幅躍進。這其中不僅半導體產業具有大部分的貢獻，許多的產業例如資訊及通訊、面板、精密機械、工具機等毛利率都大幅提高，可見台灣企業在附加價值提升的努力有一定程度的成果。另外，自從美國川普總統對中國採取貿易對抗至今到拜登總統仍然不變，台商因此回流投資台灣達1.68兆元，帶動供應鏈的成長。這些綜合的質變與量變讓台灣股市指數持續升高。

半導體產業功不可沒

台積電於2022年第一季獲利2027億元，全年有可機會達到8000億元，若加上2023年加入的新製程有利於收入利潤的增加，不愧是台灣股市的護國神山。台灣半導體產業的競爭力極為強大，主要是供應鏈的完整及廠商的高附加價值能力。半導體產業已經由過去的IDM大廠自行設計製造，轉變為垂直分工的Fabless（IC設計）+Foundry（晶圓代工）+Packaging & Testing（OSAT封裝測試）+EMS（電子專業製造服務）。IC設計處於產業鏈上游，IC製造為中游環節，IC封裝為下游環節。此全球

半導體產業的產業轉移，台灣半導體廠商高競爭能力及形成完整供應鏈是全球第一名。

外部環境劇變，不可不慎

2022年起的通膨，無疑是景氣的殺手！美國CPI指數來到40年的新高，達到8.5%。美國聯準會預估升息7-9碼，使美股下挫；美元指數近日升破104，創20年新高，使得美元升值，美元回流美國，東南亞各國政府也以國內升值及貨幣貶值因應。再者，烏俄戰爭未息，中國面臨此戰爭的表態更加深中美矛盾關係，且中國在Omicron疫情的對抗採取清零政策，加劇打擊經濟活動。這些外部環境的劇變，對股市指數有明顯影響，投資者必須了解，才不會選錯時機選錯個股。

《第一本圖解半導體產業投資指南》
是兼具了解產業及投資的入門指引

劉教授、廖教授、楊教授三位老師在半導體及智財權、財經、統計及風險的領域學有專精。本書介紹半導體產業如何投資，讓投資者可以快速學習了解。例如：如何了解半導體產業在上中下游產業結構及分工，如何從媒體、網站平台及研究機構尋找個股經營資訊、如何研判經濟指標，產業、個股及核心衛星配置，在本書有很好的說明。輕鬆研讀後，可以應用到分析其他產業選股。

沈柏延

秒懂台股成交筆數穩居第一的半導體類股
全台第一本教您半導體電子類股的投資指南

　　近幾年隨著通貨膨脹不斷上升，整體物價水準持續上漲，導致銀行定存的利率小於通貨膨脹率，使得人們的購買力越來越低（即鈔票變薄、資產縮水的意思），這些都突顯投資理財的重要性，而投資理財對抗通膨最常見的兩個工具為房地產與股票。

　　因為投資房地產所需的資金較龐大，因此當資金很多時，建議是可以將房地產當作資產配置的一部分以分散風險。但對於資金不是很多的投資朋友而言，投資股票還是最常使用的理財工具。

　　在投資股票方面，半導體類股受到的關注最多，主要是因為科技產業為我國的經濟命脈，其中半導體產業又可說是我國經濟發展的「護國群山」，因此台股以半導體相關產業所佔的市值最大，關注也最多。但由於大多數投資人沒有半導體相關的專業背景，且半導體產業的個股多到讓投資人眼花撩亂，不知該如何選擇，常常盲從跟進投資而賠了不少錢。

　　基於以上原因，本書以半導體類股作為投資標的之主軸，以淺顯易懂的方式介紹股價分析最常見的「基本分析」與「技術分析」。基本分析乃研究公司股票價值的合理性，屬於中長期的股價分析；技術分析則是以統

計方法預測個股股價未來可能的漲跌走勢，屬於短時間期的股價分析。相信投資人在輕鬆研讀完此書後，不僅能適當選擇半導體產業個股及判斷進出場時機點，以極小化投資風險和極大化投資報酬之外，還可以輕易地將此書精髓延伸應用到其他產業類股的選擇與投資。

本書立論不足之處，尚賴投資理財先進及科技專家不吝指教與交流討論，不勝感激。

廖仁傑、劉傳璽、楊志強 謹識

CONTENTS 目·錄

CHAPTER 1
新手買股不用慌，
股票及股票半導體類資訊
哪裡找及如何找！

CHAPTER 2
大盤不再霧煞煞，
研判經濟指標，產業、
個股及核心衛星配置

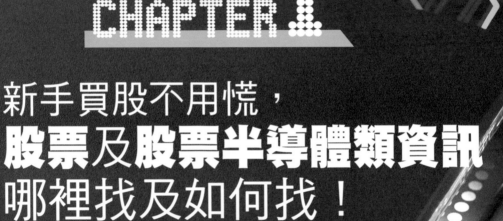

CHAPTER 1

新手買股不用慌，
股票及**股票半導體類資訊**
哪裡找及如何找！

CHAPTER 1

新手買股不用慌，
股票及股票半導體類資訊
哪裡找及如何找！

現今金融環境處於縮表、升息、俄烏戰爭的影響中，千變萬化的情勢造成供應鏈短缺或經濟快速變化，因此想在股票市場中成為贏家，讀者必須要抓住股市的行情或是掌握股市的即時資訊，而如何搜尋並獲得即時的正確資料也就成為投資人必須了解的功課。

在本章節將告訴讀者如何利用資料搜尋的工具，來協助我們節省時間並提高使用資料的效率性，以利讀者判讀資料選對股票投資。選擇適合的挑選股票網站，然後找對資料來源，才能更好挑選為我們帶來獲利的股票。

股票資訊查找方法一：報章雜誌

❶ 經濟日報

Step1：選取①「經濟彭博」，可提供判斷政經趨勢，及了解市場脈絡與發展。

經濟日報
網址QR code

Step2：選取②「產業資料庫」，可提供產業資料庫，以視覺圖像呈現台灣五十大產業資料庫，了解產業上下游及同業的關係。

（經濟日報：https://money.udn.com/money/inde/ 造訪日期：2022/05/11）

❷ 工商時報

Step1：至Google網站打上工商時報，然後進入工商
時報網頁如下。

Step2：然後選取①「證券」選項，可以了解以下台股趨勢及國際股市。

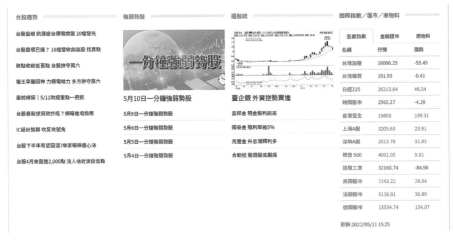

（工商時報：https://ctee.com.tw/ 造訪日期：2022/05/11）

股票資訊查找方法二：網站

❶ 產業價值鏈資訊平台

Step1：選取產業類別①「半導體」。

Step2：選取②上游「IC設計」後，再選取③「光通訊IC（6家）」。

（產業價值鏈資訊平台：https://ic.tpex.org.tw/index.php 造訪日期：
2022/05/11）

台灣股市資訊網
（Goodinfo）
網址QR code

❷ 台灣股市資訊網（Goodinfo）

Step1：選取①股票代號「2330台積電」。

≡ **Goodinfo!** 台灣股市資訊網　股票代號/名稱 `2330 台積電 ▼`　股票查詢

①

2330 台積電

Step2：找到台積電的②「財務報表」功能，然後再選取③「損益表」。

基本概況	籌碼分析
個股市況	法人買賣
經營績效	融資融券
資產狀況	現股當沖
現金流量	股東結構
每月營收	持股分級
產品營收	董監持股
基本資料	申報轉讓
新聞及公告	**技術分析**
股東權益	個股K線圖
股東會日程	K線比較圖
股利政策	本益比河流圖
除權息日程	本淨比河流圖
停資停券日	乖離率河流圖
財務報表	季漲跌統計
資產負債表	月漲跌統計
損益表	**其他**
現金流量表	上一檔股票
財務比率表	下一檔股票
財務評分表	上市大盤
財報比較	上櫃大盤
	回到首頁

2330 台積電 期貨標的 選擇權標的 權證標的　資料日期：05/11

成交價	昨收	漲跌價	漲跌幅	振幅	開盤	最高	最低
521	518	+3	+0.58%	1.54%	518	526	518

成交張數	成交金額	成交筆數	成交均張	成交均價	PBR	PER	PEG
28,008	146.1 億	40,226	0.7 張/筆	521.6元	6.23	22.64	1.49

昨日張數	昨日金額	昨日筆數	昨日均張	昨日均價	昨漲跌價 (幅)		
44,322	226.7億	83,371	0.5 張/筆	511.6元	-2 (-0.38%)		

連漲連跌：連3跌→漲（+3元 / +0.58%）
財報評分：最新87分 / 平均90分　　上市指數：16006.25 (-55.45 / -0.35%)

個 股 最 新 訊 息

- 當大家都在聚焦CPI的同時 晶宏跌深反彈3成 接下來看這個 (Anue鉅亨 05 11 15:47)
- 〈台股盤後〉市場觀望量縮走跌 半導體權值撐盤守萬六 (Anue鉅亨 05/11 4:51)
- 台股跌55點收在16006！守住萬六大關　台積電上漲3元 (ETtoday新聞雲 05 11 13:52)
- 台積電、聯發科撐盤 台股量縮跌55點收16006點 創1年來收盤新低 (Anue 鉅亨 05/11 13:41)

②　財務報表

③　損益表

Step3：選取台積電損益表後的結果。

④ 本業獲利

2330 台積電 累季損益表 (合併) (單位:億元)

合併報表－累季 ∨ 2021Q4 ∨ 匯出XLS 匯出HTML

本業獲利	2021Q4		2021Q3		2021Q2		2021Q1		2020Q4		2020Q3		2020Q2	
	金額	%	金額	%	金額	%	金額	%	金額	%	金額	%	金額	%
營業收入	15,874	100	11,492	100	7,346	100	3,624	100	13,393	100	9,777	100	6,213	100
營業成本	7,679	48.4	5,604	48.8	3,585	48.8	1,726	47.6	6,281	46.9	4,618	47.2	2,958	47.6
營業毛利	8,195	51.6	5,889	51.2	3,760	51.2	1,898	52.4	7,111	53.1	5,160	52.8	3,255	52.4
已實現銷貨損益	-	-	-0.76	-0.01	0.27	0	0.64	0.02	-	-	-0.64	-0.01	-0.77	-0.01
營業毛利淨額	8,195	51.6	5,888	51.2	3,760	51.2	1,898	52.4	7,111	53.1	5,159	52.8	3,254	52.4
推銷費用	75.59	0.48	55.68	0.48	37.15	0.51	18.31	0.51	71.13	0.53	51.19	0.52	31.84	0.51
管理費用	369.3	2.33	232.8	2.03	143.5	1.95	65.24	1.8	284.6	2.12	220.7	2.26	128	2.06
研究發展費用	1,247	7.86	925	8.05	616.3	8.39	307.6	8.49	1,095	8.18	795.5	8.14	498.6	8.03
營業費用	1,692	10.7	1,213	10.6	797	10.8	391.1	10.8	1,451	10.8	1,067	10.9	658.4	10.6
其他收益及費損合計	-3.33	-0.02	-2.28	-0.02	-1.36	-0.02	-1.89	-0.05	7.1	0.05	5.05	0.05	0.6	0.01
營業利益	6,500	40.9	4,672	40.7	2,962	40.3	1,505	41.5	5,668	42.3	4,097	41.9	2,596	41.8
業外損益	2021Q4		2021Q3		2021Q2		2021Q1		2020Q4		2020Q3		2020Q2	
	金額	%	金額	%	金額	%	金額	%	金額	%	金額	%	金額	%
利息收入	57.09	0.36	42.46	0.37	28.9	0.39	14.61	0.4	90.18	0.67	73.65	0.75	54.67	0.88
其他收入	9.73	0.06	8.13	0.07	6.57	0.09	3.08	0.09	6.61	0.05	4.62	0.05	3.44	0.06
其他利益及損失	62.75	0.4	53.27	0.46	41.71	0.57	22.62	0.62	68.03	0.51	52.54	0.54	26.53	0.43
財務成本	54.14	0.34	32.41	0.28	19.06	0.26	7.72	0.21	20.81	0.16	13.13	0.13	9.4	0.15
關聯企業及合資損益	56.03	0.35	39.52	0.34	24.39	0.33	12.67	0.35	35.93	0.27	22.38	0.23	14.05	0.23
業外損益合計	131.5	0.83	111	0.97	82.5	1.12	45.26	1.25	179.9	1.34	140.1	1.43	89.3	1.44

⑤ 業外損益

Step4：圖上可以看到台積電的④「本業獲利」和⑤「業外損益」。

Step5：並且可以將台積電損益表的資料⑥「匯出至XLS」中分析。

（台灣股市資訊網：https://goodinfo.tw/tw/index.asp 造訪日期：2022/05/11）

❸ 財報狗：整理成簡單易懂的圖表

（該網站僅需電子郵箱即可免填資料免費註冊）

Step1：輸入股票代號2330（台積電股票）。

財報狗
網址QR code

Step2：評估台積電股票是否穩健，將必須考量①「獲利能力」、②「安全性」及③「成長力」後，選擇④「價值評估」，以評估該股票合理的股價。

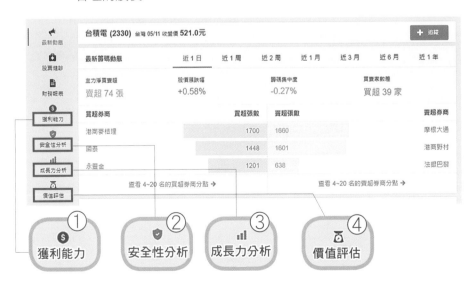

Step3：若選擇①「獲利能力」後，可了解台積電的毛利率、營業利益率、稅前淨利率及稅後淨利率等。

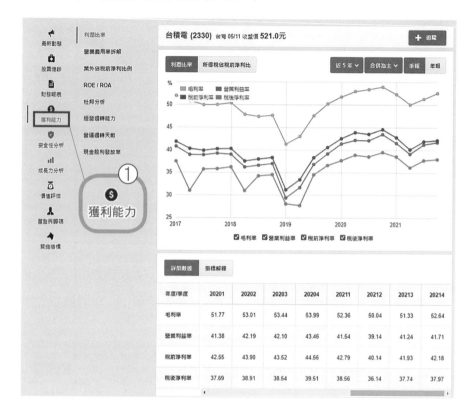

Step4：選擇①「獲利能力」後，再選擇②「現金股利發放率」。

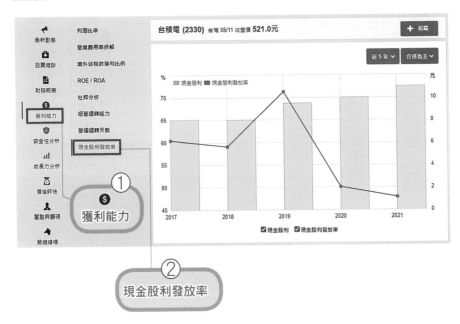

Step5：發現台積電2017-2021的①「現金股利」和②「現金股利發放率」如下。

年度 ①	2017	2018	2019	2020	2021
現金股利	8.00	8.00	9.50	10.00	11.00
現金股利發放率 ②	60.47	59.08	71.32	50.08	47.81

（財報狗：https://statementdog.com/ 造訪日期2022/05/11）

❹財經M平方：整合全球經濟，提供經濟指標，確認市場所處位置

財經M平方
網址QR code

Step1：點選①「總經成績單」，
再選擇②「台灣」。

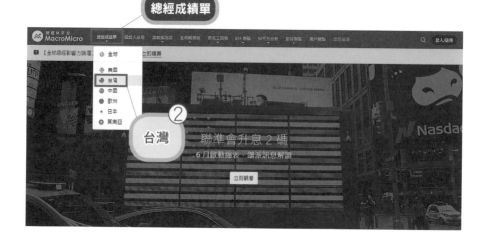

Step2：可發現③「本週焦點數據」及④「市場指標觀察站」。

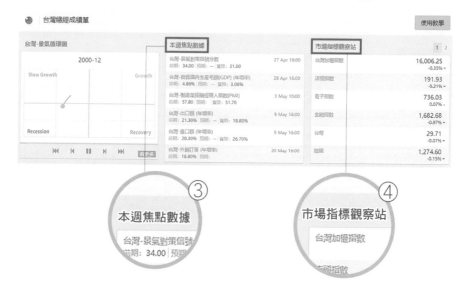

Step3：另也點選⑤「操盤人必看」選項，了解台灣股市、匯市及債市。

Step4：到⑥「股市」專區後，再點選⑦「台灣-股市」，發現⑧台灣-股市各項指標。

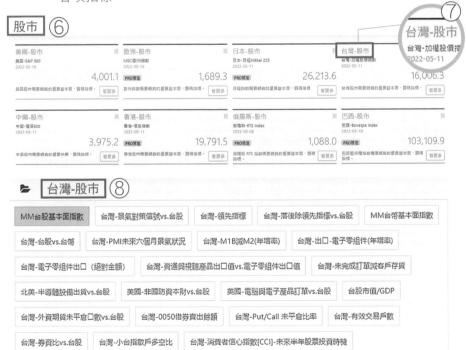

（財經M平方：https://www.macromicro.me/ 造訪日期：2022/05/11）

❺豹投資PRO

豹投資PRO
網址QR code

　　在豹投資產業功能中的爆量產業，可以找到該產業之龍頭股，另外若進入該網站後，可以找到爆量產業策略，故建議投資人可利用收盤指數的多寡，來判斷該產業的當期熱門股。

（該網站可透過google／line／facebook帳號快速登入）

step1：選取①「產業」功能列，再選取②「爆量產業」，可以在各產業中看到收盤指數及漲跌幅（％）及成交金額和漲跌幅（％），知道主流是何種產業，選取③「半導體」，發現成分股最大是龍頭④「台積電」及次之⑤「聯發科」。

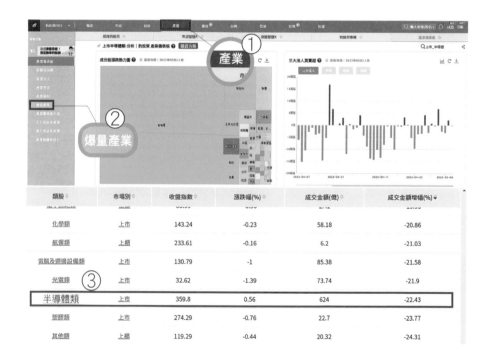

類股	市場別	收盤指數	漲跌幅(%)	成交金額(億)	成交金額增幅(%)
化學類	上市	143.24	-0.23	58.18	-20.86
航運類	上櫃	233.61	-0.16	6.2	-21.03
電腦及週邊設備類	上市	130.79	-1	85.38	-21.58
光電類	上市	32.62	-1.39	73.74	-21.9
半導體類	上市	359.8	0.56	624	-22.43
塑膠類	上市	274.29	-0.76	22.7	-23.77
其他類	上櫃	119.29	-0.44	20.32	-24.31

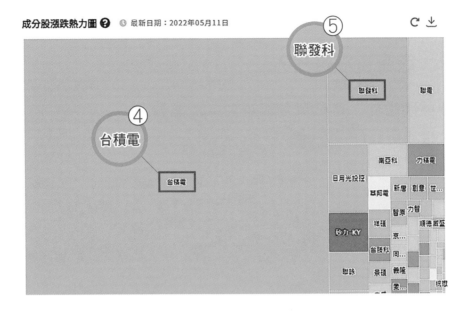

Step2：另選取「爆量產業」的「金融保險業」，可以發現成分股最大的龍頭股為⑥「富邦金」及次之⑦「國泰金」。

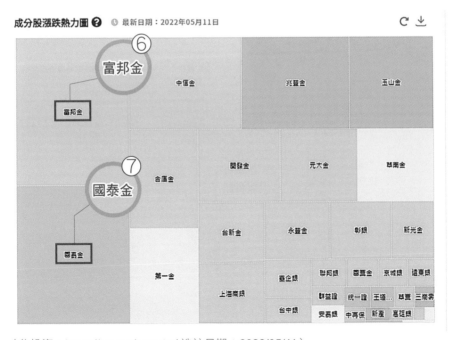

（豹投資：https://www.above.tw/ 造訪日期：2022/05/11）

股票資訊查找方法三：金融機構

國泰證券
網址QR code

❶ 國泰證券：目前為台灣最大金控國泰金控之子公司

Step1：至Google網站打上國泰證券，然後進入國泰證券網頁。

Step2：選取①台股「大盤資訊」選項，後進入上市各類股可看到「上市資金流向表」中②半導體佔30.22%。

您現在的位置：首頁 ＞市場動態 ＞大盤動向 ＞大盤資訊 ＞資金流向

▍常用功能　　　　　　▍市場動態

| 請輸入股票代號 | 個股查詢 |

📊 大盤資訊 ▾

> 資金流向
　買賣力分析
　信用交易
　法人動向
　支撐壓力區
　造場掃描
　大盤K線
　大盤分時線圖

📅 產業分析 ▾

👥 集團股 ▸

💡 概念股 ▸

| 大盤動向 | 個股盤後 | 智慧選股 | 綜合排行 | 行事曆 |

上市資金流向表

最後更新時間：05/11

類股名稱	流向率	類股名稱	流向率	類股名稱	流向率	類股名稱	流向率
水泥	0.84%	食品	0.57%	塑膠	1.08%	紡織纖維	1.17%
電機機械	1.66%	電器電纜	2.02%	化學生技醫療	5.09%	化工	2.76%
生技醫療	2.33%	玻璃陶瓷	0.09%	造紙	0.19%	鋼鐵	2.34%
橡膠	0.23%	汽車	0.87%	電子	52.06%	半導體	30.22%
電器及週邊設備	4.15%	光電	3.50%	通信網路	2.70%	電子零組件	7.62%
電子通路	0.76%	資訊服務	0.05%	其他電子	3.07%	建材營造	0.69%
航運業	15.02%	觀光	0.21%	金融保險	5.95%	貿易百貨	0.84%
油電燃氣	0.09%	其他	2.81%				

上櫃資金流向表

（國泰綜合證券：https://www.cathaysec.com.tw/ 造訪日期：2022/05/11）

② 半導體　30.22%

❷元大證券：產品最多元化及最為創新的證券公司

元大證券網址QR code

Step1：至Google網站打上元大證券，然後進入元大證券網頁。

Step2：至元大證券網頁上選取①「台股」選項後，然後進入以下畫面。

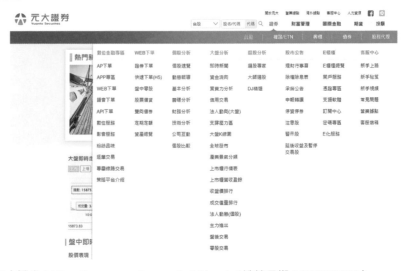

（元大證券：https://www.yuanta.com.tw/eYuanta/ 造訪日期：2022/05/12）

股票資訊查找方法四：政府機構

中央銀行
網址QR code

❶中央銀行：外匯政策及利率政策的決策者，將會影響股票市場

Step1：至Google網站打上央行，然後進入央行網頁。

Step2：選取①「外匯資訊」選項及新台幣兌換美元子選項後，可以了解②「日資料、月資料及年資料」，其匯率及利率將會影響外資進入台股。

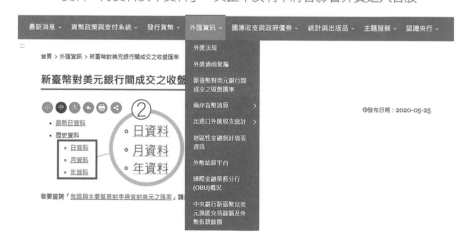

❷ **主計處：提供本國各項經濟數據及重要指標**

Step1：至Google網站打上主計處，進入主計處網頁可

發現①「重要指標」。

Step2：選取②「更多」選項後，發現更多③「最新統計指標」如下，藉
此分析股票。

（行政院主計總處：https://www.dgbas.gov.tw/mp.asp?mp=1
造訪日期：2022/05/12）

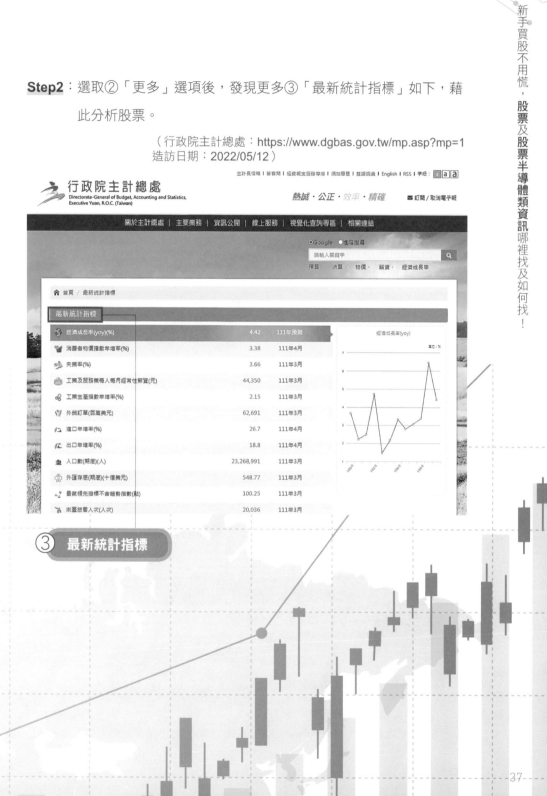

❸金融監督管理委員會：金融事務的最高主管機關

金管會
網址QR code

Step1：至Google網站打上金管會，進入金管會後點
選①「銀行局」，然後在選②「金融資訊」中
的③「利率」子選項後，可以發現金融市場及
金融機構利率資訊。

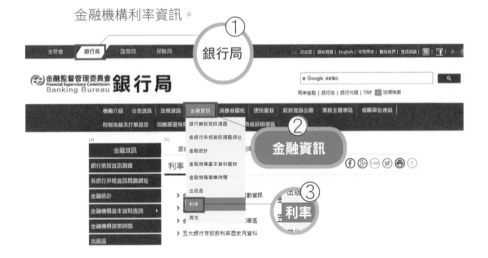

Step2：至金管會網站選④「證期局」，再點選⑤「金融資訊」之「證券
期貨統計資料」，可以發現證券市場許多重要指標及效益指標。

（金融監督管理委員會：https://www.fsc.gov.tw/ch/index.jsp 造訪日期：2022/05/12）

❹ **國家發展委員會：國家發展委員會是現今中華民國有關國家未來發展的最高主管機關**

國家發展委員會
網址QR code

Step1：至Google網站打上國家發展委員會，然後點選「主要業務」中的①「經濟情勢」。

Step2：點選經濟情勢後，可了解②「當前經濟情勢」及③「兩岸經貿情勢」。

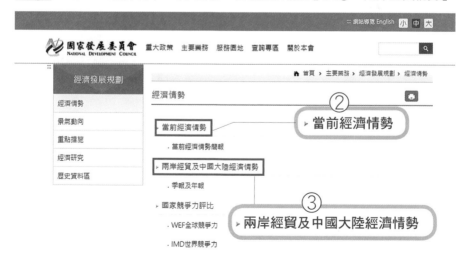

Step3：點選④「景氣動向」後，再選取⑤「景氣指標查詢系統」。

Step4：可發現2021/03-2022/03各月份的⑥分數及燈號。

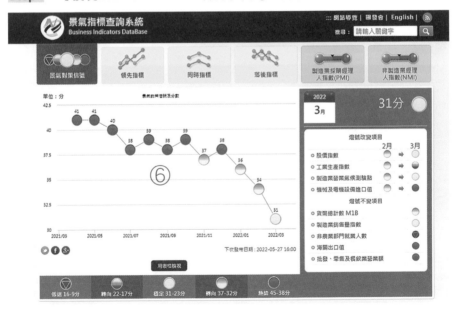

（國家發展委員會：https://www.ndc.gov.tw/ 造訪日期：2022/05/12）

股票資訊查找方法五：研究機構

中華經濟研究院
網址QR code

❶ 中華經濟研究院：是中華民國經濟研究機構並提供政府施政目標

Step1：至Google網站打上中華經濟研究院，可以進入中華經濟研究院網頁，網頁中可看到①「PMI走勢圖」、②「台灣經濟指標圖」、③「台灣經濟預測」，以及④「經濟景氣觀測」。

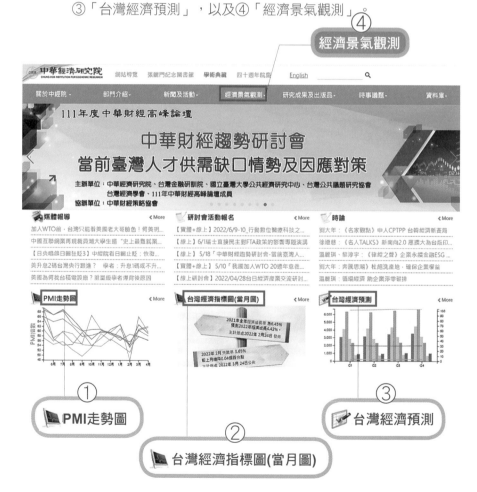

Step2：點選④「經濟景氣觀測」選項後，可發現⑤最新及⑥歷史查詢等
經濟指標。

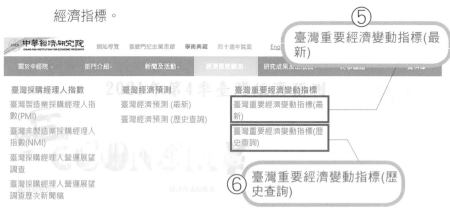

（中華經濟研究院：https://www.cier.edu.tw/ 造訪日期：2022/05/12）

❷中央大學台灣經濟發展研究中心：
提供消費者信心指數調查報告

中央大學台灣經濟發展研究中心網址QR code

Step1：至Google網站打上台灣經濟發展研究中心，
可以進入台灣經濟發展研究中心。

Step2：選取功能選單的①「消費者信心指數」，再選取②的「111年04月份消費者信心指數調查報告」後，可發現消費者信心指數趨勢圖及未來半年投資股票指數時機的趨勢圖。

台灣消費者信心指數趨勢圖(2001.1-2022.4)

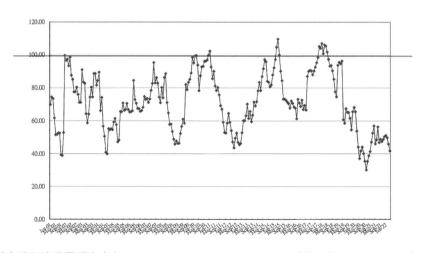

「未來半年投資股票時機」指標趨勢圖

（台灣經濟發展研究中心：http://rcted.ncu.edu.tw/cci.asp 造訪日期：2022/05/12）

CHAPTER 1
投資心法總結

1. 投資人必須了解該國**經濟環境**及**經濟指標**。以台灣為例,可以透過經濟日報、工商時報等報章雜誌或網站跟進時事及經濟環境,也可以透過中央銀行、主計處、金管會、國家發展委員會等政府機構的網站瞭解相關決策及環境變化,再進一步也能透過中華經濟研究院、中央大學台灣經濟發展研究中心看環境走勢。

2. 股票及半導體資訊可以透過**報章雜誌**,**網站**,**金融機構**及**政府機構**等單位獲取投資股票資訊。除了上述資源外,亦可參考產業價值鏈資訊平台、台灣股市資訊網、財報狗、財經M平方、豹投資等網路資源,也可至國泰證券、元大證券等金融機構的網站獲取資訊。

3. 要全方面掌握訊息,就要深入**了解各單位之財經資訊及操作步驟**,請參閱前文,利用搜尋引擎搜尋或是掃描各單位機構的QR code後,進入網站進行資訊搜尋。

4. 透過資訊,便可擬定核心股票及衛星股票的資產配置。

Note

CHAPTER 2

大盤不再霧煞煞，
研判經濟指標，產業、
個股及**核心衛星配置**

CHAPTER 2

大盤不再霧煞煞，
研判經濟指標，產業、
個股及核心衛星配置

　　經濟指標是將一個國家各項經濟活動的內容以數字、資料及數據的方式紀錄、並統計後編製成一系列的指標。由於它可以反映出一個國家的經濟狀態、經濟實力及投資環境，故國內外投資者非常注意及觀察該國經濟活動及經濟指標的變化（如資金動能、利率高低及匯率走勢），在了解該國經濟活動及經濟指標後，其股票的資產配置就可以根據該國的經濟活動及指標做好核心衛星投資策略，並且同時結合了主動投資及被動投資，其中被動投資被稱為核心資產、主動投資為衛星資產，本章將詳細的介紹經濟指標及核心衛星的投資策略及資產配置。

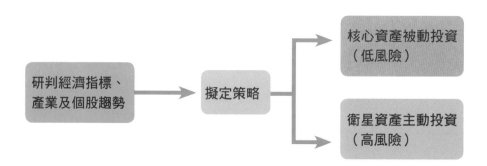

認識經濟指標

❶ 經濟成長率：

經濟成長率是衡量一個國家經濟狀況的經濟指標，因此成為衡量股市基本面最重要的綜合性指標。

Step1：透過P36流程至主計處，在「重要指標」點選①「經濟成長率」。

Step2：點選後可發現經濟成長率②最新指標如下。

（行政院主計總處：https://www.dgbas.gov.tw/mp.asp?mp=1 造訪日期：2022/05/12）

❷ 景氣對策信號：

　　景氣對策信號是由多個經濟發展指標、景氣波動判斷指標所組成，由貨幣總計數（M1B）、股價指數、工業生產指數等9項指標來判斷，並利用紅、黃紅、綠、黃藍、藍等五種燈號，反映台灣經濟景氣的狀況。藉由燈號的顏色，就可以來判斷未來景氣是否過熱或是處於衰退階段。

藍燈	黃藍燈	綠燈	黃紅燈	紅燈
低迷	轉向穩定	穩定	轉向熱絡	熱絡

Step1：透過下圖，可以發現3月份的景氣對策信號分數①為31分，落在②穩定區（31-23分），其燈號為綠燈。

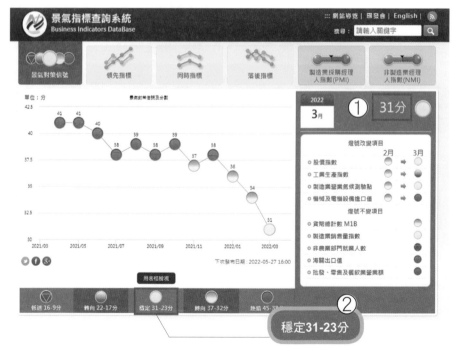

（景氣指標查詢系統：https://index.ndc.gov.tw/n/zh_tw 造訪日期：2022/05/12）

❸ 貨幣供給：

　　所謂的貨幣供給，指的是貨幣的總存量。但要注意的是，貨幣的總存量在不同的時間點會有所不同，可能會受到外幣存量、外債、匯率、政府存款、債權等因素的影響。

　　這些銀行所持有的資產，與流通的紙鈔、硬幣共同組成「貨幣」，而銀行貨幣有助於交易市場的發展，避免紙鈔、硬幣在交易金額過大時的不便。

　　貨幣供給的重要指數，有M1B和M2：

> **M1B＝通貨淨額＋支票存款＋活期存款＋活期儲蓄存款**
>
> **M2＝M1B＋流動性低的準貨幣（定存、外匯存款……）**

Step1：透過下圖中，可以發現111年3月份的①M1B的年增率為10.92%及②M2的年增率為8.11%。

（行政院主計處：https://www.dgbas.gov.tw/point.asp?index=10 造訪日期：2022/05/12）

❹ 匯率：

　　匯率是兩種貨幣之間的相對價值。簡單地説：「匯率是一種貨幣可以兌換另一種貨幣的量，當美元兌換台幣數量變多時，代表美元升值，台幣貶值（如美元兌台幣1：28，但美元升值為1：30）」。

　　匯率會影響進口與出口產業，亦是在投資時需要參考的數值。

Step1：央行網頁中點選外匯資訊①新台幣對美元銀行間成交收盤匯率中②最新日資料及③月資料選項，點選②最新日資料後呈現如下④交易畫面。

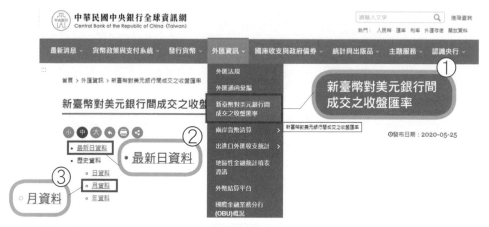

新臺幣對美元銀行間成交之收盤匯率(資料來源：台北外匯經紀股份有限公司)

④ 標題(日期)	NTD/USD
2022/05/11	29.705
2022/05/10	29.712
2022/05/09	29.733
2022/05/06	29.660
2022/05/05	29.509
2022/05/04	29.525
2022/05/03	29.530
2022/04/29	29.480
2022/04/28	29.525
2022/04/27	29.396
2022/04/26	29.310
2022/04/25	29.370

Step2：央行網頁中點選外匯資訊①新台幣對美元銀行間成交收盤匯率中③月資訊選項，點選後如下⑤畫面，可發現2022年1月至4月的月平均美元對台幣的匯率。

臺幣對美元銀行間成交之收盤匯率 (資料來源：台北外匯經紀股份有限公司)–月資料(係日資料之平均值)

月 平 均	NTD/USD
2022/1	27.678
2022/2	27.881
2022/3	28.441
2022/4	29.148
2022/5	
2022/6	
2022/7	
2022/8	
2022/9	

（中華民國中央銀行全球資訊網：https://www.cbc.gov.tw/tw/cp-863-146381-57a75-1.html 造訪日期：2022/05/12）

❺ 利率：

　　利率會影響投資人的資金要投入市場還是存入銀行，因此在投資時也要注意利率的變化。

　　當經濟景氣好轉時，中央銀行回收資金，甚至開始考慮升息，通常經濟好轉代表企業獲利，股票呈現多頭格局並可以買進。

　　基準利率：中央銀行貸給商業銀行的利息，金融市場上具參照的利率。

Step1：金管會銀行局之①「金融資訊」中的②「利率」選項中，可以選出③「五大銀行平均存款利率」。

（金融監督管理委員會：https://www.banking.gov.tw/ch/home.jsp?id=598&parentpath=0,590
造訪日期：2022/05/12）

54

（中華民國中央銀行全球資訊網：https://www.cbc.gov.tw/tw/lp-640-1.html 造訪日期：2022/05/12）

Step2：中央銀行的④重貼現率是央行貸給商業銀行的利率（如上）。

產業龍頭及該個股分析

　　產業龍頭及個股趨勢：具有股票市值最大、產業獨佔及營收最高的特性，並且該龍頭股票的漲跌幅，往往牽動了同族群類股的表現，以長期投資而言，是穩健的投資股票的標的。

Step1：進入豹投資網頁中，選取「產業」功能列中的「爆量產業」選單，選取①半導體產業，發現收盤指數漲跌幅為0.56%及成交金額增幅-20.8%。

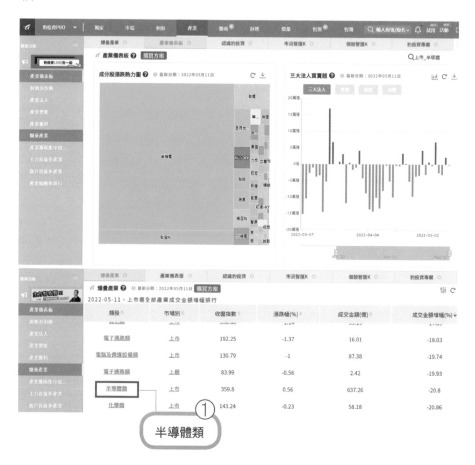

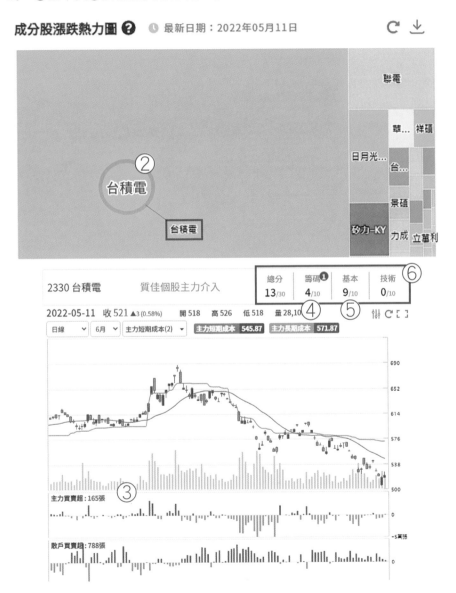

Step2：選取半導體產業，發現成分股漲跌的龍頭為②台積電，點選「台積電」後，可以發現台積電的趨勢說明如下，③主力買超165張，其④籌碼、⑤基本及⑥技術提供的分析如下。

（豹投資：https://www.above.tw/stock/AbovePro/%E5%80%8B%E8%82%A1%E6%99%BA%E5%8C%AFK?sym=2330 造訪日期：2022/05/12）

擬定股票核心衛星策略

投資者採用股票核心衛星投資策略來構建投資組合，在「核心」股票投資可帶來風險小且相對穩定的收益，並且適合長期投資的股票，另外透過「衛星」股票投資波動較大、風險較高的股票以掌握市場趨勢獲利，其操作方式為短期持有。

❶ 核心股票（策略）：

核心股票（被動投資）的特性是波動較小、風險較低、適合長期投資的資產，如中華電信、台塑、及國泰金等波動小現金殖利率高且穩定配息的股票。

❷ 衛星股票（策略）：

衛星股票（主動投資）的特性是波動較大、風險較高、適合短期持有的股票，且隨時最好動態調整，如半導體或電子股等波動較大的股價。

❸ 核心股票及衛星股票的風險程度及資產配置

風險程度	核心股票（被動投資）	衛星股票（主動投資）
1. 無風險	100%配置	0%配置
2. 低風險	80%配置	20%配置
3. 中風險	50%配置	50%配置
4. 高風險	20%配置	80%配置
5. 極風險	0%配置	100%配置

股票核心和股票衛星的資產配置建議

❶ 消費者股票建議之程序

- **投資者屬性分析**：在提供消費者金融商品（股票）前，金融機構有責任評估消費者之投資屬性、並需要消費者對金融商品（股票）風險之瞭解及風險接受度的承受。

- **投資目的**：買房子、子女教育或退休規劃。

- **投資目標**：我想賺多少、獲取多少報酬、承擔多少風險。

- **資產配置根據消費者投資目標之設定**（承擔多少風險獲取多少報酬），並利用規劃求解做好資產配置。

❷ 股票核心和股票衛星的資產配置

- **規劃求解**：「規劃求解」是EXCEL的一種分析工具，使用「規劃求解」可以求得工作表中某個工作表中其儲存格中公式的最佳值。「規劃求解」將對目標儲存格中公式相對的另一個儲存格中的數值進行反復求解，最終在目標儲存格中計算出期望的結果。

- **最佳投資組合**：在股票選擇標的物的投資組合中，要選擇何種股票，及選擇這些股票中的何種配置比例可以讓風險較小而報酬率達到最高，是可以利用EXCEL的規劃求解找出各類股票的資金配置比例。

★利用EXCEL規劃求解找出最佳投資組合的方式，會需要運用一定基礎的統計知識，事先求出所需數據（如個股報酬率、報酬率的標準差、股票間相關係數、共變數等等）。規劃求解操作方式請見以下補充説明。

如何利用規劃求解
求出各類股票投資比例

❶ EXCEL規劃求解安裝

Step1：進入EXCEL視窗中，然後選取功能表列中①「檔案」選項，再選取②「選項」。

Step2：選取③「增益集」功能表，然後再選取增益集名稱列中④「規劃求解增益集」，最後點選⑤「執行」。

Step3：將增益集視窗中的⑥「規劃求解增益集」選項打勾，然後安裝完成。

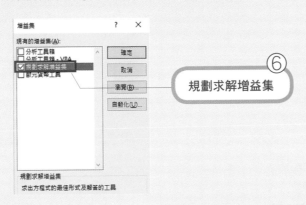

❷ 利用規劃求解求出各類股票投資比例（範例如下）

Step1：求出台積電、國泰金及長榮海運的報酬率及報酬率標準差如下（統計說明不在此重點）。

統計數字	台積電	國泰金	長榮海運
個股報酬率	0.200	0.310	0.420
報酬率的標準差	0.250	0.170	0.090

Step2：求出台積電、國泰金及長榮海運彼此間的相關係數計算如下。

相關係數	台積電	國泰金	長榮海運
台積電	1.00	(0.50)	0.30
國泰金	(0.50)	1.00	0.70
長榮海運	0.30	0.70	1.00

Step3：求出台積電、國泰金及長榮海運彼此間共變數計算如下。

共變數	台積電	國泰金	長榮海運
台積電	0.063	(0.021)	0.019
國泰金	(0.021)	0.029	0.030
長榮海運	0.019	0.030	0.063

Step4：假設台積電、國泰金及長榮海運的資金配置如下。

投資決策	台積電	國泰金	長榮海運	合計
資金配置比例	0.400	0.200	0.400	1

Step5：經過各類股上述條件及限制後，可求出股票投資組合報酬為①0.31。

投資組合變異數	0.0285
投資組合標準差	0.1689
投資組合報酬 ①	0.31

❸ 規劃求解操作說明

　　若想提高投資組合報酬率從①0.31到③0.35的績效下，其三種股票的資金配置比例及投資組合的變異數將如何變化及在EXCEL規劃求解的設定條件下，其操作說明如下。

Step1：求出台積電、國泰金及長榮海運在③報酬率提高0.35的限制下，其風險增加②為0.0332。

投資組合變異數	0.0332　②
投資組合標準差	0.1822
投資組合報酬	0.35　③

Step2：在③報酬率提高0.35及風險略提高狀況下，其台積電、國泰金及長榮海運資金配置比例將重新配置如下，分別是④台積電（0.180）、國泰金（0.277）及長榮海運配置（0.543）。

投資決策	台積電	國泰金	長榮海運	合計
資金配置比例	0.180	0.277	0.543　④	1

❹ 其規劃求解及設定限制條件說明如下

Step1：點選「資料」索引標籤，在「分析」群組中找到規劃求解工具。在①設定目標式B23（EXCEL儲存格中）在對應下頁EXCEL工作表中④為投資者所要求的投資組合報酬。

Step2：設定限制式如下②，其中D15儲存格為長榮海運的資金配置比例（在下頁中），在EXCEL工作表中⑤，其資金配置比例限制條件為介於0～1間，同樣B15儲存格台積電的資金配置比例及C15儲存格為國泰金的資金配置比例，另外增設一條限制式為投資組合報酬要大於等於要求報酬率0.35④。

Step3：設定八條限制式後②，在求解方法線性規劃求解問題選項中，選擇③求解選項。

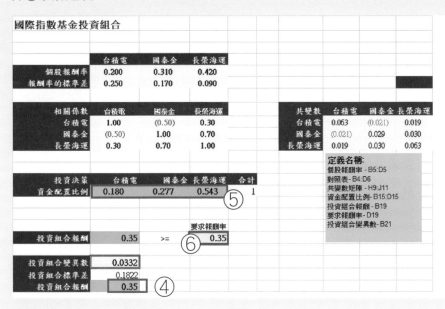

國際指數基金投資組合

	台積電	國泰金	長榮海運
個股報酬率	0.200	0.310	0.420
報酬率的標準差	0.250	0.170	0.090

相關係數	台積電	國泰金	長榮海運
台積電	1.00	(0.50)	0.30
國泰金	(0.50)	1.00	0.70
長榮海運	0.30	0.70	1.00

共變數	台積電	國泰金	長榮海運
台積電	0.063	(0.021)	0.019
國泰金	(0.021)	0.029	0.030
長榮海運	0.019	0.030	0.063

定義名稱：
個股報酬率 - B5:D5
對照表 - B4:D6
共變數矩陣 - H9:J11
資金配置比例 - B15:D15
投資組合報酬 - B19
要求報酬率 - D19
投資組合變異數 - B21

投資決策	台積電	國泰金	長榮海運	合計
資金配置比例	0.180	0.277	0.543 ⑤	1

			要求報酬率
投資組合報酬	0.35	>=	⑥ 0.35

投資組合變異數	0.0332
投資組合標準差	0.1822
投資組合報酬	0.35 ④

Step4：按下求解選項後，將跑出規劃求解結果如下，選項中選填⑦保留規劃求解解答選項，然後在選取⑧確定選項後，其結果將產生④新的投資組合報酬0.35。原本投資組合報酬為0.31，但新的投資組合變異數為0.0332（舊的投資組合變異數為0.0285）。

規劃求解結果　　　　　　　　　　　　　　×

規劃求解找到解答。可滿足所有限制式和最適率條件。

報表
分析結果
敏感度
極限

◉ 保留規劃求解解答 ⑦

○ 還原初值

□ 返回 [規劃求解參數] 對話方塊　　　□ 大綱報表

⑧ 確定　　　取消　　　　　　　　儲存分析整本…

CHAPTER 2

投資心法總結

① 研判該國經濟指標：

1. **經濟成長率**：此為衡量一個國家經濟狀況的經濟指標，更是衡量股市基本面最重要的綜合性指標。

2. **景氣對策信號**：景氣對策信號是由多個經濟發展指標、景氣波動判斷指標所組成。紅燈象徵熱絡，黃紅燈為轉向熱絡，綠燈為穩定、黃藍燈為轉向穩定，藍燈則為低迷。

3. **貨幣供給**：指的是貨幣的總存量，會受到外幣存量、外債、匯率、政府存款、債權等因素的影響。

4. **匯率**：匯率是一種貨幣可以兌換另一種貨幣的量，當美元兌換台幣數量變多時，代表美元升值，台幣貶值。

5. **利率**：利率會影響投資人的資金要投入市場還是存入銀行。當經濟景氣好轉時，中央銀行回收資金，甚至開始考慮升息，通常經濟好轉代表企業獲利，股票呈現多頭格局並可以買進。

② **分析該國產業及個股的發展與趨勢**。如產業龍頭具有股票市值最大、產業獨佔及營收最高的特性，且牽動了同族群類股的表現，以長期投資而言，是穩健的投資標的。

❸ 了解核心股票與衛星股票的風險與報酬：

   1. 核心股票：波動較小、風險較低、適合長期投資的資產，如中華電信、台塑、及國泰金等波動小現金殖利率高且穩定配息的股票。

   2. 衛星股票：波動較大、風險較高、適合短期持有的股票，且隨時最好動態調整，如半導體或電子股等波動較大的股價。

❹ 依據投資人的風險屬性、投資目的、投資目標，瞭解自身可以承擔多少風險、希望獲取多少報酬，藉此配置核心股票及衛星股票的資產。

❺ 利用規劃求解求出投資人風險偏好的資產配置。

CHAPTER 3

買股停看聽！
如何**理解財務報表**
挑選股票

買股停看聽！
如何 **理解財務報表**
挑選股票

　　財務分析的目的不只是要了解該公司目前的財務狀況及未來展望，更是衡量該公司經營的經濟價值及是否值得投資人投資，財務分析通常是透過財務報表中了解及分析，其使用對象遍及到投資人、貸款者、債權人、會計師及經營管理者，這些都人因不同的目的進行財報分析；本章節將透過簡單的資產負債表、損益表、現金流量表及股東權益變動表，並透過前兩章節中的股票網站、經濟指標及該章節提供最適的財務比率指標挑選股票。

　　個股基本面就是衡量這檔股票是否值得投資，很多人買股票（尤其是菜籃族）都是聽信小道消息或電視上的名嘴一窩蜂買股票，而非從該公司之財務報表選擇，此章重點將是詳細介紹該檔股票之財務報表，以檢視該公司之資產負債表之財務是否健全，損益表中看出該公司是否投入本業，現金流量表中看出該公司是否周轉不靈，股東權益變動表看出投資之後可以賺多少錢，整體而言透過上述報表中，我們必須了解該公司之獲利能力分析、經營效率分析及該公司是否具有成長性，以挑選最值得投資的股票，並成為該公司的股東。

看懂資產負債表選股

　　資產負債表（英文：Balance sheet）是財務報表的一種，是由資產、負債及股東權益所組成，資產負債表左邊為借方（資產）、右邊為貸方（負債及股東權益）；資產＝負債＋股東權益（恆等式），因此表達公司有多少資產的報表就是資產負債表。

　　一家公司的資產的形成不外乎來自兩種，一種是借來的（銀行）所形成的短期借款及長期借款（負債），另一種為股東出錢的（股東權益），其表達的概念圖如下：

| 資產
（公司營運中所需要的資產） | 負債（借來的）
（短期負債、長期負債） |
| | 股東權益（股東出錢的）
（淨資產，資產減去負債） |

　　在資產負債表中可以利用安全性指標中的負債比率，來了解該公司的財務狀況，負債比率越高的公司其財務狀況比較吃緊，但負債比率的高低也必須考量產業的屬性；負債比率的衡量是從資產負債表中找出資產總額和負債總額兩項數字，然後計算負債的比率（負債總額÷資產總額）。

　　查詢公司的各類負債比可進入台灣股市資訊網的網站求出（P23 網站介紹台灣股市資訊網）。

Step1：首先輸入想查詢的①股票代號（以台積電2330為例），然後選取②財務報表中的「財務比率表」選項。

①

基本概況	籌碼分析
個股市況	法人買賣
經營績效	融資融券
資產狀況	現股當沖
現金流量	股東結構
每月營收	持股分級
產品營收	董監持股
基本資料	申報轉讓
新聞及公告	**技術分析**
股東權益	個股K線圖
股東會日程	K線比較圖
股利政策	本益比河流圖
除權息日程	本淨比河流圖
停資停券日	乖離率河流圖
財務報表	季漲跌統計
資產負債表	月漲跌統計
損益表	**其他**
現金流量表	上一檔股票
財務比率表	下一檔股票
財務評分表	上市大盤
財報比較	上櫃大盤
	回到首頁

2330 台積電　期貨標的　選擇權標的　權證標的　　資料日期: 05/12

成交價	昨收	漲跌價	漲跌幅	振幅	開盤	最高	最低
505	521	-16	-3.07%	2.5%	516	518	505

成交張數	成交金額	成交筆數	成交均張	成交均價	PBR	PER	PEG
35,471	181.3 億	107,510	0.3 張/筆	511.1元	6.04	21.95	1.45

昨日張數	昨日金額	昨日筆數	昨日均張	昨日均價	昨漲跌價 (幅)		
28,110	146.6 億	40,227	0.7 張/筆	521.6元	+3 (+0.58%)		

連漲連跌: 首日下跌（-16元 / -3.07%）
財報評分: 最新87分，平均90分　上市指數: 15616.68 (-389.57 / -2.43%)

②

財務比率表　　**個 股 最 新 訊 息**

• 〈台股盤後〉電金、航運賣壓重 摜破前低大跌389點收最低 (Anue鉅亨 05/12 14:13)

• 台股重挫389點收在15616！創近1年新低　金融、航運股狂殺逾3% (ETday新聞雲 05/12 13:36)

• 〈台股盤中〉通膨壓力增 下挫逾百點摜破15900點支撐 (Anue鉅亨 05/12 11:13)

• 台股跌逾百點！指數失守萬六大關　台積電下跌5元 (ETtoday新聞雲 05/12 9:02)

2330 台積電 累季財務比率表 (合併)　(單位:%)

合併報表 – 累季 ▼　2021Q4 ▼　匯出XLS　匯出HTML

	合併報表 – 單季	合併報表 – 累季	合併報表 – 年度	合併報表 – 近四季	個別報表 – 單季	個別報表 – 累季	個別報表 – 年度	個別報表 – 近四季

獲利能力	20	21Q2	2021Q1	2020Q4	2020Q3	2020Q2	2020Q1	2019Q4	2019Q3
營業毛利率		1.19	52.38	53.1	52.76	52.37	51.76	46.05	44.3
營業利益率		0.32	41.54	42.32	41.9	41.79	41.38	34.83	33.01
稅前淨利率		1.45	42.79	43.66	43.33	43.22	42.55	36.43	34.68
稅後淨利率		37.33	38.56	38.69	38.39	38.3	37.69	32.28	30.46
稅後淨利率 (母公司)	37.58	37.44	37.31	38.54	38.67	38.37	38.28	37.67	32.27	30.45
每股稅前盈餘 (元)	25.58	18.44	11.74	5.98	22.55	16.34	10.36	5.09	15.04	10.07
每股稅後盈餘 (元)	23.01	16.59	10.57	5.39	19.97	14.47	9.17	4.51	13.32	8.84
每股淨值 (元)	83.62	80.06	76.81	74.77	71.33	68.93	66.35	64.64	62.53	61.2
股東權益報酬率 (季累計)	29.7	21.92	14.27	7.37	29.84	22.01	14.23	7.1	20.93	14.04
股東權益報酬率 (年預估)	29.7	29.23	28.53	29.48	29.84	29.35	28.47	28.39	20.93	18.73
資產報酬率 (季累計)	18.41	14.14	9.37	4.92	20.62	15.32	10.1	5.08	15.86	10.85
資產報酬率 (年預估)	18.41	18.85	18.74	19.68	20.62	20.42	20.19	20.32	15.86	14.47

Step2：在③「負債&股東權益佔總資產」可以看到④「負債總額」的比例，分別是2021Q3（37.63）及2021Q4（41.73），明顯發現負債比例逐漸增高。

③

負債&股東權益佔總資產

負債&股東權益佔總資產	2021Q4	2021Q3	2021Q2	2021Q1	2020Q4	2020Q3	2020Q2	2020Q1	2019Q4	2019Q3
應付帳款 (%)	10.67	10.88	11.45	11.55	13.92	11.96	13.14	13.48	15.48	12.98
流動負債 (%)	19.85	19.67	20.94	22.67	22.35	22.32	25.11	25.16	26.08	23.18
長期負債 (%)	16.46	13.9	13.37	9.57	9.28	8.65	3.37	1.98	1.11	1.18
其他負債 (%)	4.81	3.36	0.46	0.48	0.53	0.41	0.44	0.45	0.51	0.55
負債總額 (%)	41.73	37.63	35.53	33.51	32.97	32.15	29.71	28.43	28.38	25.62
普通股股本 (%)	6.96	7.78	8.38	8.88	9.39	9.84	10.59	11.07	11.45	12.15
股東權益總額 (%)	58.27	62.37	64.47	66.49	67.03	67.85	70.29	71.57	71.62	74.38
負債&股東權益季增減率	2021Q4	2021Q3	2021Q2	2021Q1	2020Q4	2020Q3	2020Q2	2020Q1	2019Q4	2019Q3
應付帳款季成長率	9.63	2.41	5	-12.27	21.89	-2	1.84	-9.9	26.6	-31.75
流動負債季成長率	12.79	1.22	-2.1	7.21	4.91	-4.32	4.3	-0.21	19.39	-20.49
長期負債季成長率	32.42	11.98	48.01	9.13	12.3	176.6	77.38	85.16	0	-28.9
其他負債季成長率	60.32	682.6	1.66	-3.58	34.54	1.28	2.1	-8.8	-1.89	-0.88
負債總額季成長率	23.99	14.12	12.34	7.48	7.41	16.48	9.18	3.67	17.55	-20.18
普通股股本季成長率	0	0	0	0	0	0	0	0	0	0
股東權益總額季成長率	4.45	4.23	2.73	4.88	3.49	3.9	2.63	3.39	2.18	2.13
負債&股東權益年增減率	2021Q4	2021Q3	2021Q2	2021Q1	2020Q4	2020Q3	2020Q2	2020Q1	2019Q4	2019Q3

（台灣股市資訊網：https://goodinfo.tw/tw/StockFinDetail.asp?RPT_CAT=XX_M_QUAR_ACC&STOCK_ID=2330 造訪日期：2022/05/12）

　　另從上圖發現⑤台積電的「流動負債」比率（一年內到期還款）每一季均高於「長期負債」比率（還款期限一年以上）甚多，足見台積電營運資金上是多麼穩健的。

看懂損益表選股

新聞媒體或報章雜誌所提某家公司創新高,這家公司多會賺錢,或是分析師說這家公司本業多賺錢(每股盈餘,EPS),其實都是衡量這家公司的綜合損益表以釐清該家企業的收入結構及成本支出,當每股EPS越高代表該公司獲利能力越高,這也是為何投資人評估該公司的重要指標之一,也因為有EPS才會有所謂的本益比,來衡量該公司的股價是否可以買進,另該公司為因應未來公司發展所籌措之長期負債,其利息保障倍數是否安全(是分析企業長期償債能力的指標,利息保障倍數越大,說明企業通過營運利潤來支付利息費用的能力越強),在損益表本節中看懂損益表選股,其表達的概念如下圖。

支出(費用及成本項目)	收入
淨利	

查詢公司的利息保障倍數可利用財報狗網站(P25 網站已介紹台灣財報狗)。

Step1:首先輸入想查詢的①股票代號(以台積電2330為例),然後選取②「安全性分析」。

Step2：點選③「利息保障倍數」後，然後選取④年報中的近5年結果，其
結果如下圖⑤台積電近5年來其利息保障倍數均在1倍以上，足以顯示台積
電除獲利穩健外，其利息保障倍數之財務結構非常健全。

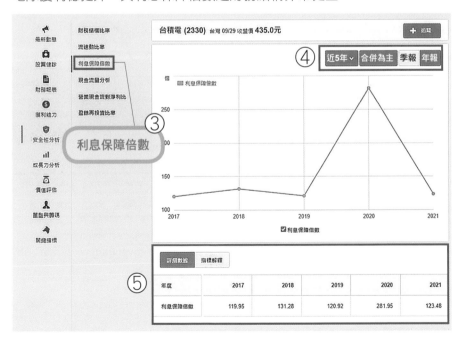

如上，我們除了要了解該公司財務結構是否健全外，也必須了解該公司之營收成長、毛利成長、營業利益成長、稅後淨利成長及每股盈餘成長，都可以在財報狗中的成長力分析選項得到，其分析及操作畫面如下：

Step3：⑥點選「成長力分析」選項，然後選取⑦「月營收成長率」，其結果分析如下圖⑧。

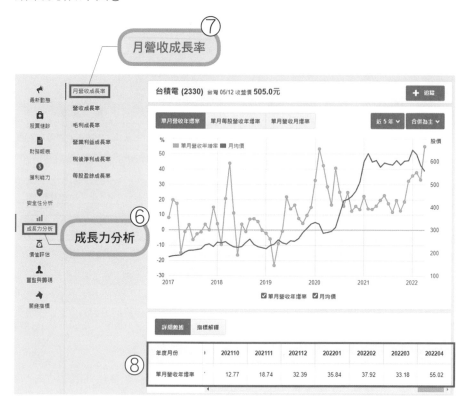

（財報狗：https://statementdog.com/analysis/2330/monthly-revenue-growth-rate 造訪日期：2022/05/12）

看懂現金流量表選股

現金流量表中，可以了解企業在一定期間內，現金流入及現金流出的情形，一家企業是否可以繼續經營下去，完全取決於手上是否有現金，換句話說，要觀察一家公司是否有賺錢，並且是否可以發放現金股利，其現金流量表就是一個很重要的參考，另一段時間內公司現金增減的原因及公司現金的流入和流出，將是因為營運活動、投資活動以及融資活動而變化，其圖示如下。

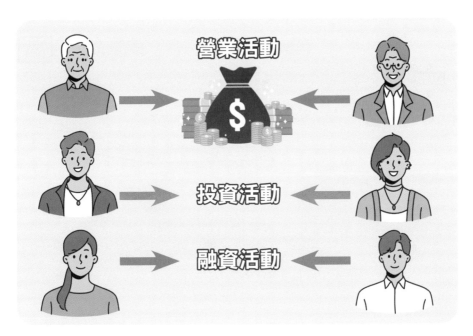

近五年來自由現金流量為正，才是賺錢的好公司，投資人在看到這樣股票時就可以放心挑選，因為這樣的公司留下現金，且遇到好景氣時就可以大量擴廠以增加公司的發展，若遇到沒有投資的好機會時也可以拿出股利分配給股東。

查詢公司近5年的自由現金流量可利用財報狗網站（P25網站已介紹台灣財報狗）。

Step1：進入財報狗首頁，輸入台積電股票代號（2330），然後點選①「財務報表」選項中的②「現金流量表」，③點選「年報」，可以看到近5年現金流量。

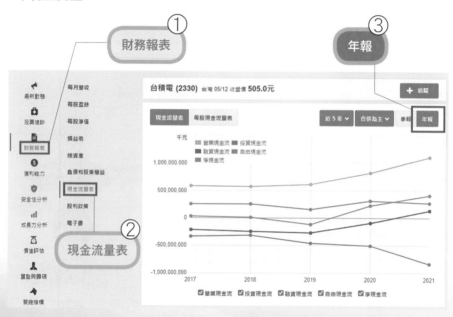

Step2：點選④「詳細數據」，可以看到⑤營業現金流、投資現金流及融資現金流，在⑥可以看到自由現金流及淨現金流，其現金流數字非常穩健。

④

詳細數據

	詳細數據	指標解釋			
年度	2017	2018	2019	2020	2021
折舊	255,795,962	288,124,897	281,411,832	324,538,443	414,187,700
攤銷	4,346,736	4,421,405	5,472,409	7,186,248	8,207,169
營業現金流	585,318,167	573,954,308	615,138,744	822,666,212	1,112,160,722
投資現金流	-336,164,903	-314,268,908	-458,801,647	-505,781,714	-836,365,863
融資現金流	-215,697,629	-245,124,791	-269,638,166	-88,615,087	136,608,438
資本支出	-327,956,630	-315,405,143	-454,712,784	-506,138,977	-838,367,791
自由現金流	257,361,537	258,549,165	160,425,960	316,527,235	273,792,931
淨現金流	33,455,635	14,560,609	-113,301,069	228,269,411	412,403,297

⑤ ⑥

（財報狗：https://statementdog.com/analysis/2330/cash-flow-statement 造訪日期：2022/05/13）

看懂股東權益變動表挑股

股東權益表（Statement of Shareholder's Equity），這一張表呈現了公司在一段特定期間，關於股東權益的變動情形，所以通常也稱為股東權益變動表，並且呈現的是公司過去這一年來對於股東權益上的變動，包含股利政策、獲利及股本變化。

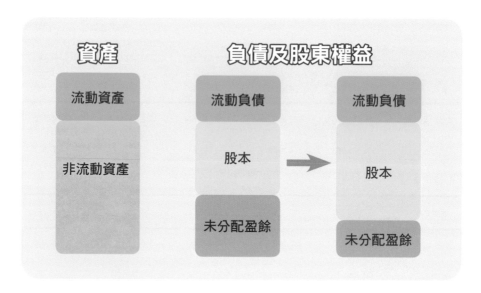

如果公司要配發現金股利時，就會將公司的未分配盈餘的金額提領出來，其權益也會跟著減少，但如果是發放股票股利時，會看到股東權益變動表上的未分配盈餘金額減少，股本金額增加。

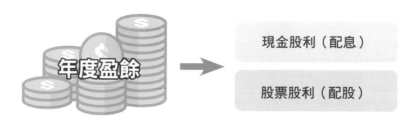

通常選擇一家公司時，建議選擇穩健且經營已久的公司，因為該公司屬於成熟期及營運穩定的狀態，故股利發放率通常較高，因此在選擇好的成熟公司，股利發放率為80%以上的公司是較好的選擇。

Step1：進入財報狗首頁，輸入台積電股票代號2330，然後點選①「獲利能力」選項，②選擇「現金股利發放率」。

Step2：③選擇「近5年」選項，選擇完會出現④現金股利金額及⑤現金股利發放率。

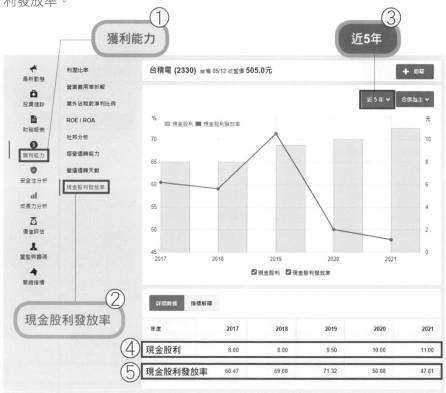

（財報狗：https://statementdog.com/analysis/2330/dividend-payout-ratio 造訪日期：2022/05/13）

其他重要指標選股（舉股東權益報酬率為例）

挑選股票標的時，可以將ROE（股東權益報酬率）列入重要考量，目前績效挑選的標準分別是：（1）近一年的ROE大於15%；（2）近三年平均的ROE大於15%；（3）近五年平均的ROE大於15%。

Step1：進入財報狗首頁，輸入台積電股票代號2330，然後點選①「獲利能力」選項，②選擇「ROE/ROA」選項，再選擇③「季報」，其結果產生為④2020Q1～2021Q4。

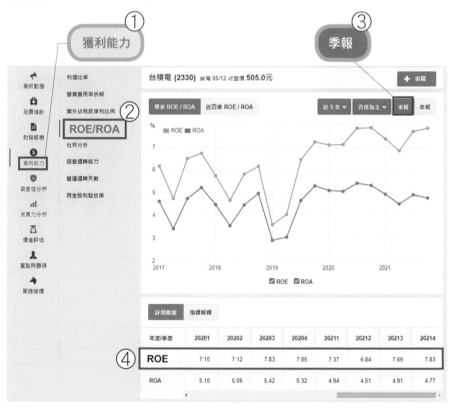

（財報狗：https://statementdog.com/analysis/2330/roe-roa 造訪日期：2022/05/13）

綜合篩選標準（舉六項標準準則條件）

1. 股票（選擇龍頭股）

2. 營收（穩定成長）

3. 自由現金流量（近5年現金流量為正）

4. 股利（發放現金股利，且近5年股利發放率大於80％）

5. 股東權益報酬率（近1、3、5年平均15％）

6. 負債比（近5年負債比小於50％）

CHAPTER 3
投資心法總結

❶ **看懂資產負債表並選股。**在資產負債表中可以利用安全性指標中的負債比，來了解該公司的財務狀況，負債比率越高的公司其財務狀況比較吃緊，但負債比率的高低也必須考量產業的屬性；負債比率的衡量是從資產負債表中找出資產總額和負債總額兩項數字，然後計算負債的比率（負債總額÷資產總額）。

❷ **看懂損益表並選股。**當每股EPS越高代表該公司獲利能力越高，可藉由本益比衡量該公司的股價是否可以買進，另應考量未來公司發展所籌措之長期負債，其利息保障倍數是否安全（利息保障倍數越大，說明企業通過營運利潤來支付利息費用的能力越強），也必須了解該公司之營收成長、毛利成長、營業利益成長、稅後淨利成長及每股盈餘成長。

❸ **看懂現金流量表並選股。**一家企業是否可以繼續經營下去，完全取決於手上是否有現金，近五年來自由現金流量為正，才是賺錢的好公司。

❹ **看懂股東權益變動表並選股。**股東權益上的變動，包含股利政策、獲利及股本變化。建議選擇穩健且經營已久的公司，股利發放率為80%以上的公司是較好的選擇。

❺ 其他重要指標選股，如ROE（股東權益報酬率），績效挑選的標準分別是：（1）近一年的ROE大於15%；（2）近三年平均的ROE大於15%；（3）近五年平均的ROE大於15%。

❻ 綜合篩選指標標準選股，如選擇龍頭股、營收穩定成長、近5年現金流量為正、近5年現金股利發放率大於80%、股東權益報酬率（近1、3、5年平均15%）、及近5年負債比小於50%。

CHAPTER 4

看盤時要注意！
半導體股票技術分析

CHAPTER 4

看盤時要注意！
半導體股票技術分析

　　常見的股價分析分為兩大類，一種是「基本分析」，另一種是「技術分析」。基本分析在前兩章已經以淺顯易懂的方式介紹給讀者，乃針對經濟指標與個別公司的財務分析，來研究公司股票價值的合理性，是屬於中長期的股價分析方法。而本章要介紹的是技術分析，所謂技術分析是將過去股價、漲跌幅、成交量等量化數據，以統計方法整理得到的技術指標與圖表，預測股價未來可能的漲跌走勢變化，以尋找股票的買進賣出時間點，是屬於短時間期的股價分析。因此，一位成功的股市投資人通常會並用基本分析和技術分析，經由基本分析選擇個股，而以技術分析選擇進出場時機點。

技術重點一：移動平均線

> **Q** 投資人常問：
>
> 報章雜誌或電視上在報導股價走勢時，幾乎都會提到移動平均線。請問什麼是移動平均線？如何計算移動平均線？是否有公開的網站可以查詢得到？

　　所謂「移動平均線」（Moving Average，常簡寫成MA），由葛蘭畢（Joseph Granville）在1960年提出，是將過去某段時間內（可以是以一週、一個月、一季、半年或一年等為計算單位）一檔股票收盤價的平均值，依照日期時間序列連接而成的曲線，得到的這條線即為移動平均線（MA）。下表顯示幾種常用的移動平均線，依照所採用不同的計算區間，常被稱為「週線」、「月線」、「季線」、「半年線」或「年線」。

幾種常用的移動平均線

	計算平均股價之交易日區間	常用名稱	備註
短期移動平均線	5日	5日線、5日均線、週線或MA5	國內股市每週交易5天，故稱為週線
	10日	10日線、雙週均線、雙週線或MA10	
中期移動平均線	20日	20日線、月均線、月線或MA20	
	60日	季線或MA60	
長期移動平均線	120日	半年線或MA120	
	240日	年線或MA240	

關於移動平均線的計算方法，底下以計算MA5為例說明。下表包含台積電（2330）於2022年從3/1至3/9的收盤價，3/7前五個交易日（包括3/7當天）的收盤股價平均值可計算出來等於595.6元，同樣也可計算3/8與3/9的前五個交易日收盤股價平均值分別等於587.4元與580.8元，然後將這三個股價平均數連點成線，就形成了3/7到3/9這三天的5日移動平均線（MA5）。同理，可畫出MA20、MA60、MA120與MA240等各種不同計算區間的移動平均線，甚至可以自訂自己喜愛的計算區間，以符合自己習慣的操作策略（例如設訂3日等）。順便一提，如果是以週為單位所畫出的平均線則分別稱為5週均線、20週均線等等。

　　在幾個不同的移動平均線中，最常用的為5日均線（MA5）、月線（MA20）和季線（MA60）。其中MA5也被稱為短線操作線，代表股價於一個星期內的平均持有成本，以及上漲或下跌的力道變化；MA20常被稱為主力控盤線；而中長線看的是趨勢，對MA5的依賴較低，大多依賴MA60的走勢，因此MA60也常被稱為穩健投資線，可以做為中長期投資的技術分析指標。

週線（MA5）的計算說明

交易日	3／1（二）	3／2（三）	3／3（四）	3／4（五）	3／7（一）	3／8（二）	3／9（三）
收盤價（元）	604	601	602	595	576	563	568
5日收盤價平均值（元）	-	-	-	-	595.6	587.4	580.8

　　下圖為Yahoo奇摩網站（https://tw.yahoo.com/）公開提供的技術分析資料中，台積電（2330）的移動平均線。圖中①對應的是MA5，MA5也顯示上例中3/7到3/9這三天的五日股價平均值595.6、587.4與580.8元。而②與③對應的是MA20與MA60。④的下拉選單為「日線」，因此MA5、MA20、MA60分別代表週線、月線、季線；若下拉選單為「週線」，則MA5、MA20、MA60分別代表5週均線、20週均線、60週均線。圖中⑤對應形狀像蠟燭的為「K線」，會在後文做介紹。

台積電（2330）的移動平均線：週線（MA5）、月線（MA20）、季線（MA60）
（資料來源：2022/03/11 https://tw.stock.yahoo.com/quote/2330.TW/technical-analysis）

　　由以上的說明，可知移動平均線是計算出股價在某一段時間內，所有買進該檔股票的平均持股成本。例如，左頁表格中3/7的5日均價為595.6元，而3/7的收盤價為576元，或是上圖中3/7的收盤價在5日線（MA5）下方，表示過去一週以來買進這檔股票的投資人之平均持股成本高於收盤價，投資人處於賠錢套牢狀態。反之，若收盤價在5日線（MA5）上方（如上圖中的⑤），表示過去一週以來買進這檔股票的投資人之平均持股成本低於收盤價，投資人處於獲利狀態。

簡言之，移動平均線是利用簡單統計方法，計算過去一段時間內平均持股成本的變化情形，可搭配觀察每日收盤價（或其他指標，將會陸續說明），作為預測未來股價走勢的研判依據。

Q 投資人常問：

如何利用移動平均線，判斷市場是處於多頭走勢（多頭行情）、空頭走勢（空頭行情）、還是盤整時期？

　　多頭走勢的格局是短天期、中天期、長天期的移動平均線，依序由上往下排列，並朝著右上方發散開來。如右頁上圖中美晶（5483）的三條移動平均線MA5、MA20與MA60在圖中區域①為多頭格局，表示持有股票愈久的人之平均持股成本愈低，代表賺的愈多，且短期的投資人也看好該股後勢走多，願意用較高的價格買進，是為多頭走勢。

　　相反的，空頭走勢的格局是短天期、中天期、長天期的移動平均線，依序由下往上排列，並朝著右下方發散開來。在右頁上圖中區域②就為空頭格局，表示持有股票愈久的人之平均持股成本愈高，代表套的愈久也賠的愈多，且短期的投資人只願意用較低的價格買進，是為空頭走勢。

移動平均線呈現：①多頭走勢；②空頭走勢
（資料來源：2022/03/15 https://tw.stock.yahoo.com/quote/5483.TWO/technical-analysis）

　　股價處於盤整時期的格局是短天期、中天期、長天期的移動平均線，上下交錯糾結在一起，代表股價上下震盪，該股票處於盤整時期，股價後勢不明，投資人在此時期應該要保守觀望為宜。下圖與下頁圖的區域①均為均線糾結的盤整時期。

　　下圖區域①的盤整隨著時間過去，股價轉為區域②多頭排列的多頭走勢，投資人可以在此買進，後續會有一波上漲行情。下頁的圖區域①的盤整隨著時間過去，股價轉為區域②空頭排列的空頭走勢，建議投資人在此賣出或放空，因為股價後續會出現下跌行情。

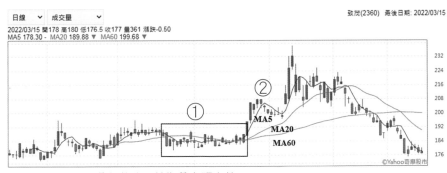

移動平均線呈現：①盤整後，轉為②多頭走勢
（資料來源：2022/03/15https://tw.stock.yahoo.com/quote/2360/technical-analysis）

移動平均線呈現：1盤整後，轉為2空頭走勢
（資料來源：2022/03/15 https://tw.stock.yahoo.com/quote/2302/technical-analysis）

Q 投資人常問：

許多人說移動平均線可以用來當作支撐線或壓力線。請問什麼是「支撐線」與「壓力線」？如何利用移動平均線當作支撐線或壓力線？

　　在多頭行情的漲勢中，股價在移動平均線之上，此時移動平均線（例如MA5或MA20）對股價有一定的支撐作用，因此可視為是支撐線，如右頁圖的區域①。此乃因在多頭走勢中，當股價向移動平均線回跌時（常稱為「修正」或「回檔」），會有逢低的買盤進場，因此形成支撐的力道使

盤勢止跌回升，不至於讓股價直接跌破移動平均線。因此，在多頭走勢中，如果在這條移動平均線（即支撐線）附近的價格買進，則獲利的機會較高。但是，若收盤價向下跌破移動平均線時，如下圖中的區域②，意味該個股已經趨於弱勢（且此移動平均線會由支撐線變成壓力線；壓力線於下一段說明），建議該退場了。

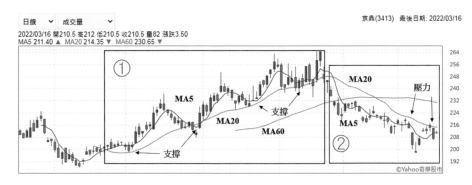

移動平均線在多頭行情1時，具有支撐作用；但股價跌破移動平均線，轉為空頭走勢2時，移動平均線變成壓力線

（資料來源：2022/03/16 https://tw.stock.yahoo.com/quote/3413/technical-analysis）

　　相反地，在空頭行情的下跌走勢中，股價在移動平均線之下，此時移動平均線（例如MA5或MA20）對股價會有壓力作用，因此可視為是壓力線，如下頁圖的區域①。此乃因在空頭走勢中，當股價向移動平均線上漲時（常稱為「反彈」），會有解套的賣壓，因此形成壓力的力道使股價不容易繼續上漲讓股價馬上突破移動平均線。但是，若收盤價向上突破移動平均線時，如下頁圖中的區域②，意味買盤力道強，該個股已經轉於強勢（且此移動平均線會由壓力線變成支撐線），表示是可以進場的時機了。

移動平均線在空頭行情1時,具有壓力作用;但股價突破移動平均線,轉為多頭走勢2時,移動平均線變成支撐線

(資料來源:2022/03/16 https://tw.stock.yahoo.com/quote/4952/technical-analysis)

Q 投資人常問:

如何使用移動平均線判斷什麼是「黃金交叉」與「死亡交叉」?

所謂「黃金交叉」是指股價在上升波段時,較短天期的移動平均線,由下往上穿越較長天期的移動平均線。如右圖中○處,MA5由下往上穿越MA20或MA60,或是MA20由下往上穿越MA60都是黃金交叉。這是因為當股價在上漲波段時,較短天期的移動平均線(也就是持股成本均線)比較敏感,較容易受到股價的上升而往右上方移動,因此會由左下方往右上方穿過較長天期的移動平均線形成交叉,此交叉稱為黃金交叉,基本上是買進股票的訊號。

黃金交叉：上升波段時，短天期的移動平均線，由下往上穿越長天期的移動平均線（資料來源：2022/03/16 https://tw.stock.yahoo.com/quote/2337.TW/technical-analysis）

　　所謂「死亡交叉」是指股價在下跌波段時，較短天期的移動平均線，由上往下穿越較長天期的移動平均線，如下圖中○處，MA5由上往下穿越MA20或MA60，或是MA20由上往下穿越MA60都是死亡交叉。這是因為當股價在下降波段時，較短天期的持股成本均線較長天期敏感，也較容易受到股價的下跌而往右下方移動，因此較短天期的移動平均線會由左上方往右下方穿過較長天期的移動平均線形成交叉，此交叉稱為死亡交叉，基本上是賣出股票的訊號。

死亡交叉：下降波段時，短天期的移動平均線，由上往下穿越長天期的移動平均線（資料來源：2022/03/16 https://tw.stock.yahoo.com/quote/2379/technical-analysis）

Q 投資人常問：

是否「黃金交叉」出現，就一定是股票買進訊號？而「死亡交叉」出現，就一定是股票賣出訊號？

在上一個問題中說明了，當黃金交叉出現時基本上是買進股票的訊號，而當死亡交叉出現時基本上是賣出股票的訊號。其中所謂的「基本上」即意味著「不完全是」，還需視實際之量價關係、大盤強弱、個股走勢等情況而可能產生較明確的黃金交叉、死亡交叉訊號（底下以「強」訊號稱之），及較不明確或錯誤的訊號（底下以「弱」訊號稱之）。例如，若投資人在下圖中的黃金交叉買進和圖中的死亡交叉賣出股票，則會出現「高價買進、低價賣出」的尷尬情況，這就是因為出現的黃金交叉均為弱訊號（反指標），被其誤導所致。底下單純比較不同移動平均線（MA5、MA20與MA60）間的相對位置與走勢，解釋可能導致弱的黃金交叉訊號和死亡交叉訊號。

被錯誤的黃金交叉弱訊號誤導，導致「高價買進、低價賣出」的情況
（資料來源：2022/03/15 https://tw.stock.yahoo.com/quote/3227/technical-analysis）

　　下圖「弱的黃金交叉訊號」中的兩個○處，都是MA5由下往上穿越MA20的黃金交叉訊號，但這兩個訊號都是弱訊號，是可能產生股價下跌的反指標，此乃因為此時個股還是處於弱勢（由MA20與MA60的趨勢還是往下走即可看出），後續股價容易拉回。同樣的，下圖「強的與弱的黃金交叉訊號比較」中的右邊兩個是弱的黃金交叉訊號，而左邊的黃金交叉是股價容易續漲的強訊號。

弱的黃金交叉訊號
（資料來源：2022/03/16 https://tw.stock.yahoo.com/quote/6533/technical-analysis）

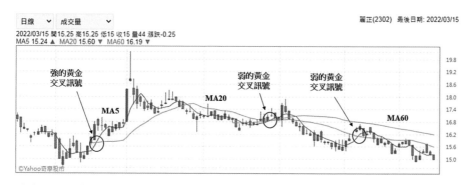

強的與弱的黃金交叉訊號比較
（資料來源：2022/03/15 https://tw.stock.yahoo.com/quote/2302/technical-analysis）

另一方面，下圖「弱的死亡交叉訊號」中的○處則是MA5由上往下穿越MA20的死亡交叉訊號，但這個訊號也是屬於弱訊號，是可能後續產生股價反彈的反指標，此乃因為此時個股還是處於強勢（可由中長期移動平均線的向上走勢判斷），後續股價容易反彈向上。同理，下圖「強的與弱的死亡交叉訊號比較」中的左邊○處是弱的死亡交叉訊號，而右邊的兩個死亡交叉確實是股價容易下跌的死亡交叉強訊號。

弱的死亡交叉訊號
（資料來源：2022/03/17 https://tw.stock.yahoo.com/quote/3141/technical-analysis）

強的與弱的死亡交叉訊號比較
（資料來源：2022/03/17 https://tw.stock.yahoo.com/quote/3680/technical-analysis）

技術重點二：K線

Q 投資人常問：

在股市分析上，除了移動平均線以外，另一個最常聽到的技術分析工具就是「K線分析」。請問什麼是K線分析？怎麼畫K線？

　　沒錯，K線（Candlestick Chart）與移動平均線MA是技術分析中兩個最基本，也是最重要的指標。由移動平均線預估股價的漲跌趨勢；由K線預測股價的變動型態。「K線」又稱為陰陽線或蠟燭線，其特色在於一個線段（即K棒）內記錄了多項訊息，據傳K線是1730年代日本德川將軍幕府時代的一位白米商人「本間宗久」所發明。

　　他利用K線記錄每天米市交易之開盤價、收盤價、最高價和最低價，以瞭解白米的價格變化情形，進而掌握了白米價格的起伏變動，而成為巨富。之後，K線被廣泛地用在股票、期貨等行情的技術分析上，稱為K線分析。

　　下頁圖為組成K線示意圖。K線由每日股價的開盤價、收盤價、最高價和最低價等四個價位繪製而成，中間的矩形稱為「實體」，實體代表開盤價和收盤價。實體上方的細線是「上影線」，為最高價；實體下方的細線是「下影線」，為最低價。當收盤價比開盤價高時（即開低走高），K線用紅色標示，如下頁圖（a）所示，稱為「紅K線」或「陽線」；當收盤價比開盤價低時（即開高走低），K線用黑色或綠色標示，如（b）所示，稱

為「黑K線」（注意，不稱為綠K線）或「陰線」。將每個交易日的K線連起來，就是K線圖，如右頁圖「K線圖範例說明」。

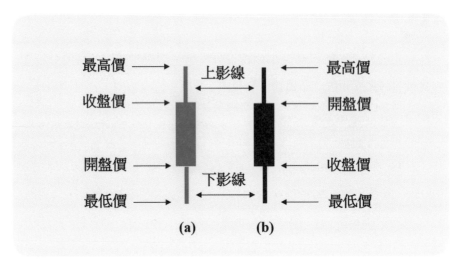

（a）紅K線（陽線）；（b）黑K線（陰線）

需特別提醒的是，K線的紅或黑只是該日開盤價與收盤價的高低所做的區別（開低走高、開高走低），也就是說紅K線並不代表當天的收盤價一定比前一天的收盤價高（上漲），如右頁「K線圖範例說明」中①所示；以及黑K線並不代表當天的收盤價一定比前一天的收盤價低（下跌），如「K線圖範例說明」中②所示。因此，K線的紅或黑主要表示當日的氣勢強或弱，並不是相對於前一天收盤價的漲或跌，這是許多人所誤解的。另外，當開盤價與收盤價相同時，K線會形成「十字線」，如「K線圖範例說明」中③所示。當十字線出現通常表示變盤訊號，特別是當十字線出現在波段的相對高點（表示行情可能將反轉向下）或相對低點（表示行情可能將反轉向上）位置時，須要多加留意。

　　上述的K線為較常用的「日K線」，由「K線圖範例說明」中④的下拉選單為「日線」。另外還有「週K線」、「月K線」等，例如若下拉選單中選的為「月線」，則出現的K線圖為月K線，如「月K線圖範例」所示。

K線圖範例說明
（資料來源：2022/03/23 https://tw.stock.yahoo.com/quote/2338/technical-analysis）

月K線圖範例
（資料來源：2022/03/23 https://tw.stock.yahoo.com/quote/2338/technical-analysis）

Q 投資人常問：

K線的「上影線」、「下影線」與「實體」的長短有沒有什麼涵意或需留意的地方？

由P102的K線組成示意圖可知，上影線是當天最高價與中間矩形實體間的細線。如果當天是收紅K線如右頁圖（a）所示，則在上影線價位買進的投資者的成本都是比收盤價高的，因此當天都是虧錢的，可能會成為隔天的賣壓，也就是空頭力道；如果當天是收黑K線如（b）所示，則除了在上影線外，連在K線實體買進的成本都是比收盤價高的，都可能會成為隔天的賣壓力道。

而下影線是當天最低價與中間矩形實體間的細線，因此如果當天是收黑K線如右頁圖（b），則在下影線價位買進的投資者的成本都是比收盤價低的，因此當天都是賺錢的，屬於支撐力道；反之如果當天是收紅K線如右頁圖（a），則除了在下影線外，連在K線實體買進的成本都是比收盤價低的，表示支撐力道強。

綜合以上，有以下兩點結論：一、下影線代表支撐力道（多頭勢力），下影線愈長則支撐力道愈強；上影線代表賣壓力道（空頭勢力），上影線愈長則賣壓力道愈強。二、紅K線實體為支撐力道，實體愈長則多頭勢力愈強；黑K線實體為賣壓力道，實體愈長則空頭勢力愈強。

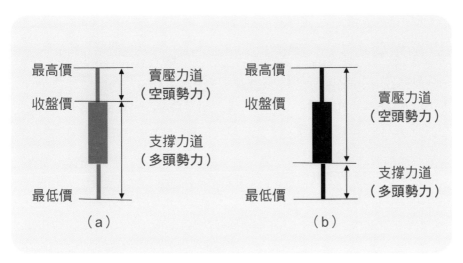

（a）紅K線之賣壓、支撐力道；（b）黑K線之賣壓、支撐力道

Q 投資人常問：

可以說明常見的K線形態有哪些嗎？不同的形態有沒有什麼涵意或需要留意的地方？

　　如下頁圖「幾種基本K線類型」的K線圖所示，K線的類型可以分成很多種，且各種K線類型所代表的意義也不相同。底下介紹幾種具有代表性的基本類型K線，並說明各個所隱含的意義，希望投資人能夠藉以解讀個股後續可能的走勢。

第一種類型是在「幾種基本K線類型」中標記①的K線，稱為長紅K線或大陽線，是被認為具有最強上漲走勢的格局，因為開盤價為最低價而收盤價為最高價，表示股價自開盤後買氣強勁，一路上揚至收盤到最高點，如圖「長紅K線（大陽線）」的示意圖。第二種是在「幾種基本K線類型」中標記②的K線，稱為長黑K線或大陰線，具有最強勁的下跌局勢，因為開盤價為最高價而收盤價為最低價，表示股價自開盤後賣壓力道強，使得一路下跌至收盤到最低點，如圖「長黑K線（大陰線）」的示意圖。

幾種基本K線類型
（資料來源：2022/03/25 https://tw.stock.yahoo.com/quote/3006/technical-analysis）

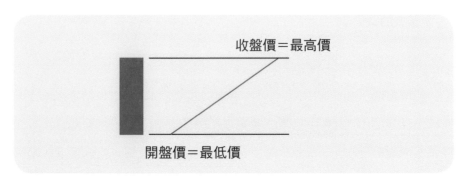

長紅K線（大陽線），具有最強漲勢格局

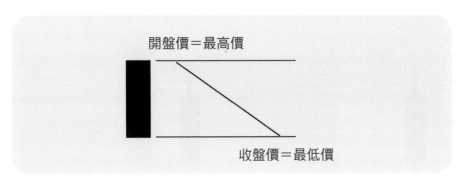

長黑K線（大陰線），具有最弱勢的下跌格局

　　第三種類型是如「幾種基本K線類型」中標記③的K線，有較長下影線的紅K線，是屬於多頭主導的趨強走勢格局，較常見的盤勢是如「下影線較長的紅K線」（a）所示。「下影線較長的紅K線」（b）也是屬於這種先跌後漲的類型，開盤時有賣壓使股價下跌，但逢低買盤湧進，並一路上揚至收盤到最高價。第四種類型則是如「幾種基本K線類型」中標記④的K線，有較長上影線的黑K線，是屬於空頭主導的趨弱走勢格局，較常見的盤勢是如下頁圖「上影線較長的黑K線」（a）所示，而（b）也是屬於這種先漲後跌的類型，開盤時買盤使股價上升，但在價格高檔時，強的賣壓力道使股價拉回並一路走低，最後收盤在最低點。

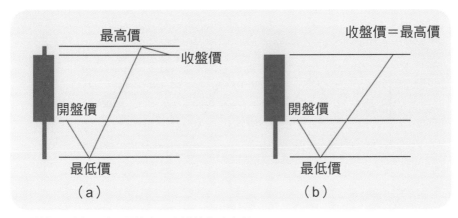

下影線較長的紅K線，屬於多頭主導的趨強走勢

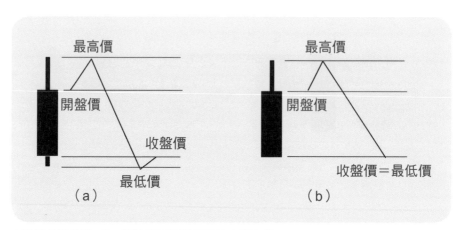

上影線較長的黑K線，屬於賣壓相對沉重的空頭走勢

　　第五種類型是如P106「幾種基本K線類型」中標記⑤的十字形K線，稱為十字線或變盤線。此K線的開盤價等於收盤價，但為了與前一日的收盤價格區別，如果當日收盤價高於前一日收盤價以紅十字表示，反之若當日收盤價低於前一日收盤價則以黑十字表示。一般而言，十字線的買盤與賣盤勢均力敵如下圖所示，通常為變盤或趨向盤整的前兆。另外，十字線的上影線與下影線之長短而可能產生的變形（稱為十字形K線），整理於右頁表中。

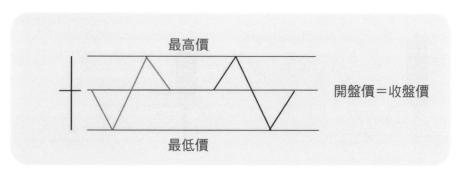

十字線，又稱變盤線，多頭與空頭勢均力敵

幾種十字形K線基本形態及其涵意說明（範例圖見下一頁）

基本圖形	名稱	特徵與說明	範例	備註
┼	十字線（長）	長的上影線與下影線，表示買賣雙方對抗激烈且勢均力敵，是一個反轉訊號，須留意前後幾天的走勢。	圖1	開盤價＝收盤價
┼	十字線（短）	短的上影線與下影線，是趨向盤整的前兆。	圖2	開盤價＝收盤價
┼	下影線較長的十字線	多頭力道大於空頭力道，如果出現在波段的相對低點，則股價很有可能轉趨上漲。	圖3	開盤價＝收盤價
┼	上影線較長的十字線	空頭力道大於多頭力道，如果出現在波段的相對高點，則股價很有可能轉趨下跌。	圖4	開盤價＝收盤價
┬	T字線	通常在開盤時有利空因素，股價走低，但盤中買盤力道強，股價開始上漲，最後回到開盤價。T字線若出現在波段低點，則股價有探底回升之意。	圖5	開盤價＝收盤價＝最高價
┴	倒T字線	通常在開盤時有利多因素，雖然股價走高，但盤中賣壓力道強，股價開始下跌，最後又回到開盤價。倒T字線若出現在波段高點，須特別留意股價可能即將要反轉向下。	圖6	開盤價＝收盤價＝最低價
─	一字線	當天開盤後一價到底，代表個股強勢漲停或跌停，為多頭或空頭的最強力表態。	圖7	開盤價＝收盤價＝最高價＝最低價

圖1 長十字線範例
（資料來源：2022/04/22 https://tw.stock.yahoo.com/quote/3016/technical-analysis）

圖2 短十字線範例
（資料來源：2022/04/22 https://tw.stock.yahoo.com/quote/8271/technical-analysis）

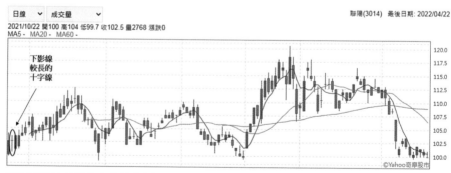

圖3 下影線較長的十字線範例
（資料來源：2022/04/22 https://tw.stock.yahoo.com/quote/3014/technical-analysis）

圖4 上影線較長的十字線範例
（資料來源：2022/04/22 https://tw.stock.yahoo.com/quote/8261/technical-analysis）

圖5 T字線範例
（資料來源：2022/04/22 https://tw.stock.yahoo.com/quote/3054/technical-analysis）

圖6 倒T字線範例
（資料來源：2022/04/22 https://tw.stock.yahoo.com/quote/2401/technical-analysis）

圖7 一字線範例

（資料來源：2022/04/22 https://tw.stock.yahoo.com/quote/2434/technical-analysis）

技術重點三：乖離率（BIAS）

Q 投資人常問：

在股市分析的許多技術指標中，有一個指標是由移動平均線MA所衍生出來的，稱為乖離率（BIAS），請問什麼是乖離率（BIAS）？是否可利用乖離率（BIAS）做為判斷個股的進場或退場時機？

　　乖離率（BIAS）是由移動平均線為基準所衍生出的一個指標，它是評估某日收盤價偏離移動平均價的程度，以百分比為單位。當BIAS的百分比

數值（即絕對值）愈大，表示當日的股價與過去幾天的平均價格差距也愈大，也意味該個股短線的波動程度也愈大。

底下舉例說明，如下表為茂矽（2342）於2021/12/7的收盤價、MA10（10日均價）、MA20（20日均價）分別為55.5、50.1、48.51元，則可計算當天的BIAS10＝（55.5-50.1）/50.1＝0.1077，若以百分比表示則BIAS10＝10.77（％），與BIAS20＝（55.5-48.51）/48.51＝0.1442，以百分比表示BIAS20＝14.42（％）。

以茂矽（2342）股價為例，進行乖離率（BIAS）的計算說明，此例為正乖離

收盤價（元）	MA10	MA20	BIAS10	BIAS20
55.5	50.1	48.51	10.77	14.42

上例中的乖離率可直接由Yahoo奇摩網站（https://tw.yahoo.com/）公開提供的技術分析資料查詢得到，如下頁圖茂矽（2342）K線所示，將圖中①的下拉選單選「乖離率」即可。圖中②對應的值是上例中計算的BIAS10；③對應的是BIAS20。茂矽（2342）K線的下方也顯示一個柱狀圖，此柱狀圖是由短天期的乖離率（在此為BIAS10）減去長天期的乖離率（在此為BIAS20），即為圖中④所顯示的B10－B20，當B10－B20是正值時，柱狀體會在水平線上方，反之當B10－B20是負值時，柱狀體會顯示在水平線下方。

此例中，2021/12/7的收盤價高於移動平均價MA10與MA20，稱為「正乖離」，表示當天股價高於過去10天及20天投資人買進的平均價格，因此當正乖離率過大時，勢必會有投資人賣出股票獲利了結，使得股價可能下跌，如茂矽（2342）K線顯示。

茂矽（2342）短線的正乖離BIAS10、BIAS20過大，股價出現漲多回檔
（資料來源：2022/04/01 https://tw.stock.yahoo.com/quote/2342.TW/technical-analysis）

相反的，當股價低於移動平均價時，稱為「負乖離」，如下頁表菱生
（2369）於2022/3/8的收盤價低於移動平均價MA10與MA20，可計算出
BIAS10＝-8.57與BIAS20＝-11.28，分別對應下圖中的①與②。當負乖離
率過大時，則會吸引投資人進場逢低承接，使得股價可能出現跌深反彈，
如下圖顯示。

菱生（2369）短線的負乖離BIAS10、BIAS20過大，股價出現跌深反彈
（資料來源：2022/04/01 https://tw.stock.yahoo.com/quote/2369.TW/technical-analysis）

以菱生（2369）為例，進行乖離率（BIAS）的計算說明，此例為負乖離

收盤價（元）	MA10	MA20	BIAS10	BIAS20
21.5	23.515	24.23	-8.57	-11.28

　　由以上可知，乖離率（BIAS）可說是某日收盤價偏離移動平均線的程度。根據「物極必反」原理，當股價偏離平均價過大時，買盤或賣盤會介入，驅使股價往移動平均線位置接近。整理如下表，當正乖離過大時，表示股價離平均價過高，可視為超買，容易出現獲利了結的賣壓，因此在賣壓湧現前，是短線交易的賣出時機；當負乖離過大時，表示股價離平均價過低，可視為超賣，容易出現逢低承接的買盤，因此在股價反彈前，是短線交易的買進時機。另外，下表中顯示的乖離率絕對值BIAS10達5（即5%）以上，BIAS20達10（即10%）以上，只是給讀者一個參考數值，讀者可依個人習慣（如保守或大膽）、個股股性（穩定或活潑）、移動平均線的設定天數（MA5、MA10、MA20等），而設定不同的數值。

乖離率（BIAS）指標做為買進或賣出股票之訊號說明

賣出訊號	正乖離BIAS10	正乖離率達5以上	5%為半根漲停板
	正乖離BIAS20	正乖離率達10以上	10%為一根漲停板
買進訊號	負乖離BIAS10	負乖離率達-5以上	5%為半根跌停板
	負乖離BIAS20	負乖離率達-10以上	10%為一根跌停板

結語

Q 投資人常問：

股市分析的技術分析指標有非常多，有沒有哪一個或哪幾個技術指標
是能夠有效地判斷進出場時機？

　　股市技術分析的指標多達幾十種，大部分的指標是依據統計方法所得
到的，而這些指標的目的不外乎就是幫助投資人找到買進與賣出股票的最
佳時間點。而所謂的統計方法，乃指使用過去的數據來預估未來可能發生
的趨勢，因此沒有百分之百正確的判斷或最佳的時間點。而且，不同的技
術指標有不同的考量面向，以及使用的統計手法也不相同等等，所以每一
種技術指標都有它的優點，相對的也存在盲點。

　　因此，建議投資人避免使用某個單一指標，應盡可能綜合搭配多種技
術分析指標做為判斷進出場的時機點，才能提高判斷的正確性。本章中介
紹的三種技術指標：移動平均線（MA）、K線、乖離率（BIAS），是三種
股市分析中最基本與最常用的技術指標，相信對想精熟技術分析指標的讀
者而言，會是一個很好的切入點。

CHAPTER 4

投資心法總結

❶ 最基本也是最常見的是所謂的「**移動平均線**」（簡寫成MA）。在幾個不同的移動平均線中，最常用的為5日均線（MA5）、月線（MA20）和季線（MA60）。其中MA5也稱為短線操作線，代表股價在近期上漲或下跌的力道變化，而對於股價的中長期趨勢，大多依賴MA20與MA60的走勢。

❷ 移動平均線常被用來判斷市場是處於多頭行情、空頭行情、還是盤整時期。

1. 多頭行情：MA5（短天期）、MA20（中天期）、MA60（長天期）的移動平均線，依序由上往下排列，並朝著右上方發散開來。在多頭行情的漲勢中，股價在移動平均線之上，此時移動平均線（例如MA5或MA20）對股價有一定的支撐作用，可視為是支撐線，當股價往支撐線附近的價格修正時，若買進則獲利的機會較高。但若收盤價向下跌破支撐線時，則表示該股已經趨於弱勢，且此支撐線也變成壓力線，建議退場為宜。

2. 空頭行情：MA5（短天期）、MA20（中天期）、MA60（長天期）的移動平均線，依序由下往上排列，並朝著右下方發散開來。在空頭行情的下跌走勢中，股價在移動平均線之下，此時移動平均線（例如MA5或MA20）對股價會有壓力作用，可視為是壓力線，當股價往壓力線附近的價格反彈時，會有解套的賣壓，因此股價不容易

繼續上漲讓股價馬上突破移動平均線。但是，若收盤價向上突破移動平均線時，意味買盤力道強，表示該股已經轉於強勢，且此時壓力線也變成支撐線，暗示是進場時機。

3. **盤整時期**：MA5（短天期）、MA20（中天期）、MA60（長天期）的移動平均線，上下交錯糾結在一起，代表股價上下震盪，為盤整時期，投資人在此時應該要保守觀望為宜。

❸「黃金交叉」與「死亡交叉」是投資人常聽到的名詞，也是股市分析師常用來作為股票買進或賣出的訊號，但投資人需注意黃金交叉、死亡交叉弱訊號形成的反指標。

1. **黃金交叉**：股價在上升波段時，較短天期的移動平均線，由下往上穿越較長天期的移動平均線。例如，MA5由下往上穿越MA20或MA60，或MA20由下往上穿越MA60都是黃金交叉。黃金交叉基本上是買進股票的訊號。

2. **死亡交叉**：股價在下跌波段時，較短天期的移動平均線，由上往下穿越較長天期的移動平均線。例如，MA5由上往下穿越MA20或MA60，或MA20由上往下穿越MA60都是死亡交叉。死亡交叉基本上是賣出股票的訊號。

❹「K線圖」也是另一個很常聽到的技術分析工具。K線由每日股價的開盤價、收盤價、最高價和最低價等四個價位繪製而成,中間的矩形稱為「實體」,實體代表開盤價和收盤價。實體上方的細線是「上影線」,為最高價;實體下方的細線是「下影線」,為最低價。將每個交易日的K線連起來,就是K線圖。

1. **當收盤價比開盤價高時(即開低走高)**,K線用紅色標示,稱為「紅K線」或「陽線」;紅K線的實體為支撐力道,實體愈長則多頭勢力愈強。

2. **當收盤價比開盤價低時(即開高走低)**,K線用黑色或綠色標示,稱為「黑K線」或「陰線」。黑K線的實體為賣壓力道,實體愈長則空頭勢力愈強。

3. **K線的紅或黑主要表示當日的氣勢強或弱**,並不是相對於前一天收盤價的漲或跌。

4. **上影線與下影線**:K線圖的上影線代表賣壓力道,上影線愈長則賣壓力道愈強;下影線代表支撐力道,下影線愈長則支撐力道愈強。

❺ 乖離率(BIAS)為評估收盤價偏離移動平均價程度的指標,以百分比為單位。當BIAS的百分比數值愈大,表示當日的股價與過去幾天的平均價格差距也愈大,也意味該個股短線的波動程度也愈大。當BIAS為正乖離且正乖離率過大時,表示會有投資人賣出股票獲利了結,使得股價可能下跌;反之,當BIAS為負乖離且負乖離率過大時,則會吸引投資人進場逢低承接,使得股價可能出現跌深反彈。

Note

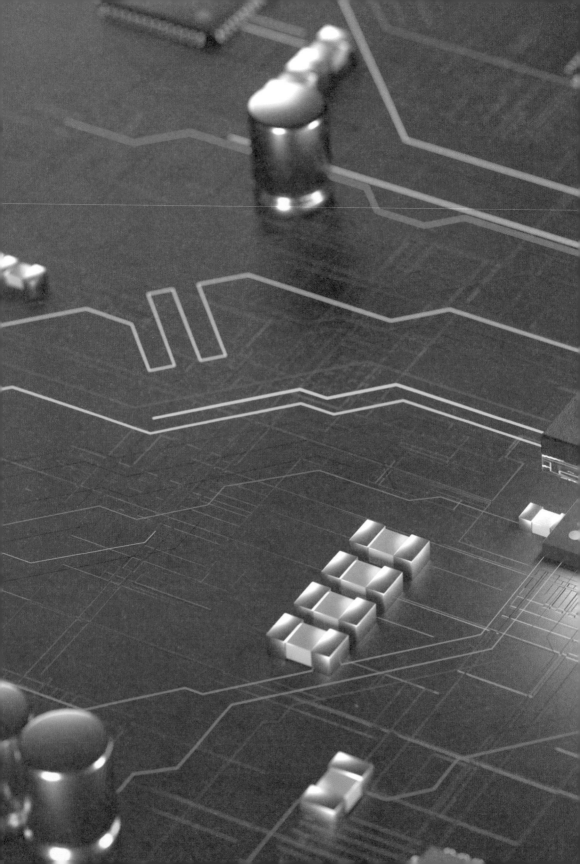

CHAPTER 5

投資股票想穩定賺錢，
你需要**統計思維**

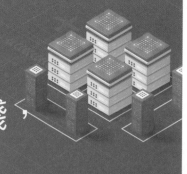

CHAPTER 5
投資股票想穩定賺錢，
你需要**統計思維**

本篇以機率與統計理論為基礎，闡述統計思維如何於日常生活實踐，讀者再根據本書其他章節的內容，將統計思維運用於股票投資操作，找出半導體類股的最佳投資策略，做到極小化投資風險，極大化投資報酬。

 統計思維的理論基礎

Q 投資人常問：

統計、會計、經濟是大學商管相關科系的必修科目，尤其是統計，商管相關科系學生談統計色變，不少人都有被當的悲慘經驗，畢業全還給老師了，到底統計有何用處？日常生活用得上嗎？什麼是統計思維呢？

在不確定的情況下，透過資料的蒐集整理與分析，並就分析結果解釋與推論，最後做成綜合性的決策判斷，就是統計思維。

舉個例子來說，大樂透的累積頭彩獎金已經十億了，我該不該買張彩券，搞不好開獎中頭彩，隔天就自動不用上班了。要不要買張彩卷呢？我們是可以算算看的。大樂透的玩法是從1到49個號碼中，選6個號碼，如果

這6個選號跟當期開出6個號碼一模一樣的話，就是中頭彩了，而這個49選6的中獎機率是1,400萬分之一，這個1,400萬分之一的機率有多高呢？或是說這個1,400萬分之一的機率到底有多低呢？每個人的生活經驗不一樣，對於這個機率的感覺並不會一樣，因此這個數字仍不足以提供該不該買張彩券的決策判斷。

當我們從飛安資料庫（http://aviation-safety.net/database/）和全球航班服務平台（https://www.flightstats.com/），估算出2010到2021年搭飛機失事致死的機率是約10萬分之一，該不該買張彩券的決策判斷就變得很容易了，因為機率大小的感覺是比較出來的。為什麼飛機天天飛，也天天有人搭？因為會搭飛機的人，通常將這10萬分之一視為不存在。

簡單問一個問題，你搭不搭飛機呢？若你的答案是搭飛機，表示你也認為10萬分之一不存在吧？當你將10萬分之一視為不存在，那1,400萬分之一存在嗎？所以該不該買張彩券呢？我的答案是我的統計思維告訴我，連一張50元彩券的錢，我都不想浪費。

中大樂透頭彩機率	搭飛機失事致死機率
1,400萬分之一	10萬分之一
可解釋為一個人總共買了1,400萬注中可能中一次；亦可解釋為1,400萬人各買一注，可能會有一人中獎	可解釋為一個人要搭10萬架次飛機有可能遇上一次飛機失事致死；亦可解釋為10萬人各搭一架次飛機，可能會有一人遇上飛機失事致死

算出中獎機率1,400萬分之一或是摔飛機機率10萬分之一都還是數學,當把這兩個數字放在一起比較,並結合自己熟悉的生活經驗,做成決策判斷,則是統計思維。

我們在新聞媒體讀到一檔股票大肆被報導獲利倍增,股價即將大漲,外資法人已將目標價調高為250元,讀到這種訊息,我們要如何判斷真偽,是否跟進?市場上確實有些人會直接看報紙買股票,但終究變成被收割的韭菜,怎樣才不會變成被收割的韭菜呢?運用統計思維決定是否買股,便是一帖良方。

統計思維是在處理不確性問題的決策判斷,而股票市場起起落落,股價瞬息萬變,投資股票充滿了不確定性,將統計思維運用在投資股票再適當不過了!在不確定的情況下,根據統計資料分析結果進行推論時,可藉由統計假設檢定得到結論。什麼是統計假設檢定?要如何進行統計假設檢定?面對不確定答案的問題時,將可能的答案二分為兩個完全互補的敘

述，一為「虛無假設」（統計學上通常以H0符號代表），另一為「對立假設」（統計學上則以H1符號代表），再根據所蒐集的資料，試圖去拒絕（拒絕亦即推翻或否決）「虛無假設」，若能拒絕成功，代表問題的答案就是「對立假設」，我們稱之為顯著性檢定；若不能拒絕成功，則只能接受「虛無假設」，接受「虛無假設」並不代表「虛無假設」為真，只是根據所蒐集的資料無法拒絕「虛無假設」罷了！虛無假設與對立假設敘述的位置擺放，要依下表的方式為之：

H_0 虛無假設	把錯誤拒絕虛無假設的後果比較嚴重的敘述放在虛無假設
H_1 對立假設	虛無假設的反面敘述則為對立假設

我們可以比較看看，虛無假設與對立假設敘述的位置擺放不一樣，其錯誤拒絕的後果是不一樣的：

H_0：某檔股票不能買 H_1：某檔股票可以買	H_0：某檔股票可以買 H_1：某檔股票不能買
若錯誤拒絕H_0即為誤判買進，最嚴重的後果為該股票下市，血本無歸。	錯誤拒絕H_0即為誤判空手，最嚴重的後果為該股價大漲，沒賺到這筆錢。

血本無歸或沒賺到這筆錢兩者之間的風險比較，我們會怎麼選擇？我們當然會選擇避免血本無歸，因此我們會這樣放置H0和H1：

H_0：某檔股票不能買

H_1：某檔股票可以買

為了避免血本無歸，我們會盡可能蒐集相關的資料和證據，用這些資料和證據謹慎地去拒絕虛無假設，以避免發生血本無歸的可能。

舉例而言，當我們閱讀到類似這樣的一則報導「2021年是第三代化合物半導體應用起飛元年，漢磊（3707）是國內首家同時具備氮化鎵（GaN）、碳化矽（SiC）的代工廠，受惠功率半導體訂單滿載，第三季營收以19.35億元創歷史新高，每股盈餘（EPS）0.24元也較2020年同期轉盈」（新聞來源：2021年11月17日工商時報——方歆婷／台北報導），心裡興起是不是買一張漢磊（3707）來試試的念頭時，可以將可能的答案二分為下面兩個完全互補的敘述：

H_0：漢磊（3707）不能買

H_1：漢磊（3707）可以買

我們可以僅根據看到這則報導，即拒絕H0，直接買進；我們也可以從這則報導的發想，再去查閱近年財報、近期營收、甚至籌碼分布、外資進出、技術線型指標等諸多理由是否皆符合自身所設定選股標準，方才拒絕H0。我們可以用一個理由拒絕H0買進漢磊（3707），我們也可以用五個、十個或更多理由拒絕H0才買進漢磊（3707），用一個理由拒絕H0買進漢磊（3707），相對於用十個理由拒絕H0買進漢磊（3707），其誤判買進的機率自然比較高。

相同的道理，在美容院剪髮時，聽到有人在議論買進力積電（6770），我們聽到人家這樣講，就敢掛單買進，當然可以，只是相對於經過財報等相關資料檢定後再買進，其誤判買進的機率當然比較高。所以，當聽到擦鞋童推薦股票時，我們做何反應？不是擦鞋童推薦股票就不

能買，也不見得股市就要大崩盤，而是我們要買前，做了多少檢定的工作，以降低誤判買進的機率。

Q 投資人常問：

投資股票如何運用統計思維降低錯買股票的機率？投資股票如何進行風險控制呢？

當把錢存進證券的銀行交割戶，預備要買股票的這一刻開始，最擔心的事是會不會賠錢？會不會血本無歸呀？

假設你有100萬定存，解約後放進股市，必然會承受可能會賠錢或血本無歸的風險，而這個風險的最大值就是100萬，當這100萬都賠光了，會影響你的生活嗎？如果這100萬就如你的九牛一毛，你的生活依然過得很好，代表你能控制這個風險。相同的道理，你拿了信用貸款100萬放進股市，當這100萬都賠光，會影響你的生活嗎？如果這100萬不見了，是會要人命的，日常吃喝馬上成問題的話，代表你根本沒辦法控制這個風險，就不該這樣買股票。

誤判買進可能會賠錢或血本無歸，投資者害怕賠錢或血本無歸，就要蒐集各樣相關資料反覆檢定，把誤判買進的機率降低。當誤判買進的機率

降到最低時，而誤判買進的機率還是不幸發生了，買股票的這筆錢全不見了，也不致影響日常生活時，代表投資者已經了解投資股票的風險控制，也能承受這個風險的發生，有了這樣的認知和理解，就放心地「錢」進股市吧！這樣投資股票會輸的機率已大大降低。

統計思維的選股邏輯

Q 投資人常問：

挑選股票要蒐集資料反覆檢定，以降低錯買機率。要蒐集哪些資料進行檢定？其步驟要如何進行呢？

　　挑選股票要蒐集各樣相關資料反覆檢定，才能降低誤判買進的機率。因此，挑選股票可以擬定適合自己能承受風險水準下的檢定條件，依序篩選：

一、基本檢定條件

❶步驟一：上市、上櫃或興櫃股票如何選擇？ 目前台灣上市股票約有950家，上櫃股票約有780家，登錄興櫃約有300家，若沒有特定風險的偏好，總共2030家可以選擇。但若以掛牌資格的嚴謹程度篩選，上市股票的資本額、成立年限、獲利、財務訊息公開揭露等，比上櫃、興櫃股票都來得好，因此若只買上市股票，其餘不買，那原本有2030家誤判風險的可能，隨即降低為只有950家誤判風險的可能。

❷步驟二：半導體產業鏈如何選擇？ 半導體產業鏈可詳閱本書第六章，當排除上櫃、興櫃股票後，上游IP設計及IC設計業上市公司約有30家，中游IC製造、晶圓製造、相關生產製程檢測設備、光罩、化學品等上市公司約有40家，下游IC封裝測試、相關生產製程檢測設備、零組件（如基

板、導線架）、IC模組、IC通路等上市公司約有50家，上中下游總共合計120家。因此若僅選擇上市的半導體相關股票，則由950家誤判風險的可能，降低為120家誤判風險的可能。

③步驟三：**公司規模如何選擇？**股本可以代表公司規模，大股本股票流通股數較多，交易量高，股價較不易大幅波動。反之，股本小股票流通股數少，交易量較少，股價較易波動。若為股價穩定及降低誤判風險為目的，將股本500億以上歸類為大股本股票，原為120家誤判風險的可能就會再往下降。當然運用市值也可以衡量公司規模，篩選市值大股票也是降低誤判風險的方式，比方說從上市市值一百大、兩百大或五百大股票中挑出半導體相關股票。

④步驟四：**公司負責人操守也是很重要**，把平時被媒體揭露有公司負責人不良操守紀錄或負面新聞列為排除股票，這樣誤判風險的可能都會再下降。

二、財務報表檢定條件

①步驟五：執行到步驟四或許股票已經剩下80家了。接下來再根據自己的投資屬性與風險偏好，擬定財務報表檢定條件。比方說，欲長期存股獲取股息股利報酬者，可將近五年（或近十年）配息配股情形列為首要條件，若在近五年（或近十年）皆有配息配股的股票就留下來。

②步驟六：接下來，若重視要有高毛利的、高營業利益的、高淨利的、高股東權益報酬的、不能有太高負債比等各項財報條件（有關財報數據請詳閱本書前篇），就逐一檢核並篩選，最終或許只留下50檔股票，人家元大台灣50（0050）有50檔股票，而我們自己也有自己的「半導體

50」，哈哈！當然股票檔數也有可能更少，端看自己設定的承受風險水準而定。保守一點，條件從嚴，檔數就少；冒險一點，條件從寬，檔數就多。

❸步驟七：最終留下來的股票列為候選名單股票，等待適當時機，伺機買進。

步驟一	選擇上市股票
步驟二	選擇上市半導體相關股票
步驟三	選擇股本或市值大的上市半導體相關股票
步驟四	選擇無負面新聞的股本或市值大的上市半導體相關股票
步驟五	選擇近五年（或近十年）皆有配息且無負面新聞的股本或市值大的上市半導體相關股票
步驟六	選擇近五年（或近十年）財報條件良好並有配息，且無負面新聞的股本或市值大的上市半導體相關股票
步驟七	留下來的股票列為候選名單股票

台灣證券交易所網頁（https://www.twse.com.tw/zh/company/suspendListing）列有終止上市公司的資料，證券櫃檯買賣中心網頁（https://www.tpex.org.tw/web/regular_emerging/deListed/de-listed_companies.php?l=zh-tw）亦列有終止上櫃公司的資料，我們可以試著用上列步驟去檢核那些是經營不善被強制下市櫃的公司，就會發現那些無良公司再怎麼包裝，就是進不了我們的候選名單，如此買股票踩雷的機率就大大降低了。

以2019年06月26日終止上市的尚志（3579）為例，尚志（3579）是上市半導體相關公司，通過步驟一與步驟二。尚志（3579）的股本11.6億元，相對於台積電（2330）的2,593億元、聯電（2303）的1,248億元或甚至比聯發科（2454）的160億元等半導體相關公司，其股本規模相對小很多，通過不了步驟三，更遑論再以這則新聞「**大同子公司尚志精化爆違法……**」（新聞來源：2018年1月31日蘋果新聞網財經中心／台北報導），亦通過不了步驟四，自然進不了我們的候選名單。

 投資人常問：

將萬中選一的股票列為候選名單股票，隨時觀察，伺機買進，以建立自己的股票生態系統。什麼是股票生態系統？是不是就是一般我們常講的投資組合呢？

　　當把候選名單的股票都買齊來參加配息配股，比方說，每一檔都買各一張好了，根據我的經驗，其投資報酬率至少會有5%～7%。若某一年某幾檔股票流年不利，不配息配股，其投報率還是會有5%～7%。只要這些股票種類愈多，愈隨機，其投資報酬率至少會有5%～7%的效果就愈明顯，若控制每一檔股票的配息都不超過兩萬，同時也可避掉繳交二代健保的稅賦。

　　候選名單的股票也不必然要全部買齊，偏好低價位股票者，可挑股價在10到20元之間的股票；喜歡中價位股票者，可挑股價在20到50元之間的的股票；喜歡中高價位股票著，那就挑股價在50到100元之間的的股票；股價100元以上的股票則建議謹慎為之。這些都可以因個人喜好，隨機決定而組合成一個自己的投資組合，我則喜歡稱之為股票生態系統。

　　我得要附帶說明一下，上面提到建議買高股價要謹慎為之的理由，亦來自為降低誤判買進機率的統計思維。股價固然天天漲漲跌跌，但是根據我的經驗（我的經驗當然來自統計分析），一年裡跌的天數通常會多過於漲的天數，一年裡總會有那麼幾次失心瘋的大跌或是股災。當股災來臨時，高價股的股價腰斬機率遠遠大於中低價股，其原因是中低價股跌至10元面額附近時，通常這是一道心理防線，不易跌破，即使跌破，再回到10元以上並不難（指的是經過層層篩選的候選名單股票，並不是泛指所有股票）。比方說，股價120元，跌到60元，不難發現；而12元，跌到剩6元，就難多了。

統計思維的股票操作策略

Q 投資人常問：

每個月能攢下的錢很有限，可以一個月3,000元定期定額投資股票嗎？還是要存到一定金額才能開始買股票呢？

在股票市場的輸贏，跟可以動用多少資金水位，可以拿多少錢來買股票，是非常關鍵的。股票市場本來就是屬於口袋深的人的世界，至於喊出一個月3,000元定期定額小資族財富自由，這種說法是一種理專話術，要賺你錢的話術。一個月3,000元（一年三萬六）定期定額持續20年，以年報酬5%複利計算（這只是假設），大概就那麼一百萬出頭，搞了20年連買房子的頭期款都不夠，每個月定期定額的服務費或手續費成就了公司的業績，當然還有更大的可能是，連5%報酬率都不到甚至賠錢。換言之，這種定期定額連強迫儲蓄的功能都說不上。

能賺到錢的正規股票操作，手頭至少要有一筆完整可動用的現金，比方要有個五萬、十萬或者更多，才能發展自己的操作策略（操作策略有兩種，一種是靜態平衡操作，一種是動態平衡操作），資金愈多，操作就可以愈靈活，勝率就愈高。

因此，小資族要累積財富，一開始不急於進入股票市場，而是努力增加工作所得，並化被動儲蓄為主動儲蓄，極小化開支，以積極預算取代消

極記帳，確定一個月至少能存多少錢，再開兩個銀行帳戶，一個支出戶和一個儲蓄戶。每個月的薪水直接匯入支出戶，大概留下兩個月生活開支的安全水位，每日日常支出開銷的錢都在這個戶頭進出，其餘每個月規劃要存的錢，於領薪日即刻將錢轉存於儲蓄戶（這個戶頭最好不要申請ATM提款卡，要用錢時也最好忘了有這個戶頭的存在，這樣存錢會容易一些），或是使用零存整付的定存也是個選擇方式。沒有儲蓄習慣的人，要開始第一步真的不容易，唯有惕勵自己，降低物慾，才有日後自在用錢的自由。

不要老想著100萬的第一桶金，先存到5萬看看，再來傷腦筋要怎麼買股票。

 投資人常問：

我們常聽到建議散戶存股的說法，存股是什麼？統計思維的操作策略也有存股嗎？

長期持有股票，每年參與配息配股，將現金配息再投入買股，等待來年繼續配息配股，週而復始，這是存股。

運用統計思維的長期操作策略，也是存股的一種方式，而我稱之為靜態平衡操作。買了候選名單中的股票就等配息配股，這個股票生態系統

的投資報酬率會在5%～7%範圍，同時可再搭配借出股票，獲取借出股票（註）的報酬，可再提高靜態平衡操作期間的收益。

註：散戶可以雙向借券方式，將手上股票，借出給他人，依照天數賺取利息收入，租借期間結束可拿回出借的股票，或亦可提早收回，租借期間**除權息**，出借方仍保有配息配股之權利。一張股票即可出借，券商擔任仲介媒合，尋求有借券需求的投資人，當雙方合意以約定的利率出借，按月或歸還股票後結算費用，券商則會收取一定成數的手續費。

除權息

除權是指分配股票（股權）的意思；而除息則是指分配現金，包括「股票股利」和「現金股利」。所以說，合併起來除權息就是「公司將過去一年度所賺的盈餘分配給股東」的意思。

Q 投資人常問：

我們常聽到股票可以短線操作，也可以波段操作，運用統計思維的操作策略，也可以短線操作或是波段操作？

運用統計思維的操作策略，當然可以短線操作，也可以**波段操作**，甚至與長期存股三者間交互運用，我則稱之為動態平衡操作。

原本預期長期存股進行靜態平衡操作，其報酬率在5%～7%範圍，但股票生態系統內的某檔股價突然飆漲，漲超過5%～7%甚至更高，這時先行獲利了結，再補進尚未買進或尚未起漲或欲降低成本的股票，股票生態系統內的新投資組合，預期配息配股的報酬率還是在5%～7%範圍，但已有一筆額外的價差獲利進帳。

波段操作

波段操作是一種股票投資方法，在股價低時買進股票；股價高時賣出股票，利用股市的波動來投資。

為什麼要進行動態平衡操作？為什麼不要簡單一點，靜態平衡操作就好，買一些好股票只進不出，每年收股息股利就好呢？當然可以，但是靜態平衡操作的股息股利年報酬大概是在5%～7%範圍。試問一個問題，如果本金只有十萬，請問一年的報酬是多少？就是5,000到7,000元，要拿來繳水電費都不夠！如果本金有5,000萬，一年的報酬則是250萬，平均一個月就是20萬。

換言之，如果在股市裡能操作的總金額不多，使用靜態平衡操作的獲利會很有限，因此主張以提高資金效率的方式進行動態平衡操作，動態操作報酬好則可有15%以上，不好的話，也是回到靜態操作的報酬而已。因此，本金少的要提高資金效率積極動態平衡操作，本金多就不用太複雜，等收股息股利就好。

動態平衡操作的心法是「心中時時有股價，手中不必時時有股票」。所以，動態平衡操作的另一優點是，持有股票時間愈少（或愈短），碰到股災的機率就愈低。

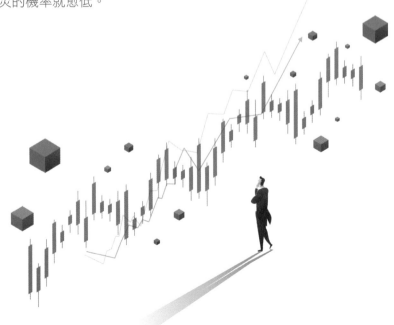

Q 投資人常問：

隨時觀察，伺機買進股票，組成自己的股票生態系統。伺機是伺什麼機？要如何伺機呢？

　　經千錘百鍊的檢定與篩選，留在候選名單裡的股票，是自己可承受誤判買進風險水準下的股票，必定都是穩健的好公司。但是，股價天天漲漲跌跌，也不是天天可買，好公司搭配一個便宜或合宜的股價才是「好股票」，反之，買到股價過高的好公司股票，那還是「爛股票」。散戶投資者的任務就是伺機買進「好股票」，組成自己的股票生態系統。

　　什麼時候可以買到「好股票」呢？「理論上」，最好的做法是好公司在倒楣時，股價落難一段時間之後（這個部分請詳閱本書前篇技術分析），確定獲利反轉向上（這個部分請詳閱本書前篇財報分析）時再買進，這時通常可以買在相對低價，持有成本當然就會相對低廉。

　　上述的「理論上」三字，特別加引號，是有點戲謔的意味，股票能買在低點，賣在高點，通常是神人，凡人做不到。中肯點講，股票的買與賣是一種專業的綜合判斷，但人的心理卻常存在對市場過度樂觀或過度悲觀誤判，導致買在最高點，賣在最低點。

　　運用統計思維可以改善這些問題，從上述提及之技術分析與財報分析，發現股價為相對低點時，開始以小量隨機買股方式，降低系統風險。

小量可以是一張，可以是零股，都無妨，手中一開始持股的實際成本，是一個非常重要的定錨價格，不管未來股價漲跌如何，人的心理都會不自主地跟自己持有成本比較。接下來，再依自己資金水位，建立持股部位，有些人逢跌隨機再補，有些人會設定跌至一定比例再補；有些人則逢漲隨機再加碼，有些人則會設定漲至一定比例再加碼，這些做法都有人主張，也各有擁護者。而就統計思維而言，不管何種做法，持有成本終究會回歸到一個介於歷史高點與低點之間的均值。只要把持股的時間軸線拉長，再參與配息配股，這個均值成本能贏的機率很高。

都已經反覆確認技術分析與財報分析的數據了，何須還如此謹慎呢？因為我們讀到的任何技術分析與財報分析的數據，都是過去的歷史數據，根據這些歷史數據預測股價的未來趨勢發展，本來就得要承受預測誤差，能夠降低誤差的方法，就是小量隨機買股。小量隨機買股得要買時口袋隨時要有錢，也就是說當下能不能買，或能不能加碼，最後決定的不是技術分析或是籌碼分析，而是可以買股的錢有多少？口袋深的人，隨機的節奏就快一些；口袋淺的人，隨機的節奏就慢一些。很常有人會問，某檔現在可不可以買了？這種問題很難回答，錢多的人為什麼不能買，錢少的人現在買了，還有錢加碼嗎？所以一檔股票當下可不可以買，一定是斟酌目前口袋還有多少現金？

在這裡先附帶提一下停損（後文有完整說明）。執行停損也跟能動用資金多少有關，資金多的人，套牢了沒差，就擺著等股息，有的是錢再買其他的。資金少的人，為了在短期內讓資金更有效率，只好賠錢停損換股操作，有時候人在倒楣的時候，這種操作會造成惡性循環。所以難道錢少

的人就不能玩股票嗎？當然可以玩，只是心態上要記得股票急不得，把時間拉長就會是贏家。

Q 投資人常問：

靜態平衡操作買了股票就等配息，何時賣股票呢？

　　長期持有股票，參與配息配股，每年即有現金流入，股票就是一個生財工具，什麼時候要把生財工具賣掉呢？當然不隨便賣，但當生財工具老化或獲利嚴重衰退，才會處分生財工具。簡言之，靜態平衡操作把股票視為資產配置，我們不會輕易賣掉我們的資產，除非現金流入不若以往優渥，處分掉再換投報率更好的股票；或是需要大筆支出時，如購置設備或房產、開設公司或出國留學進修等教育投資，賣股票即是一種資產配置的調整。

　　以下表為例，在2011年1月份買了一檔聯電（2303），很倒楣地還買到了當年度的最高價，這價格就當成往後每年買進的參考定錨價格，在次年有比這價格低的就再買一張，這樣做了十年。共持有10張聯電，投入金額有$134,191元。

日期	股價	股數	投資金額	累積股數	累積金額	配息	累積配息
2011/1	18	1,000	$18,026	1,000	$18,026	500	$500
2012/3	15	1,000	$15,021	2,000	$33,047	800	$1,300
2013/5	14	1,000	$14,020	3,000	$47,067	1,500	$2,800
2014/1	13	1,000	$13,019	4,000	$60,086	2,200	$5,000
2015/7	12	1,000	$12,017	5,000	$72,103	2,850	$7,850
2016/1	11	1,000	$11,016	6,000	$83,118	3,000	$10,850
2017/4	12	1,000	$12,017	7,000	$95,135	4,900	$15,750
2018/10	12	1,000	$12,017	8,000	$107,152	4,720	$20,470
2019/4	12	1,000	$12,017	9,000	$119,170	7,200	$27,670
2020/3	15	1,000	$15,021	10,000	$134,191	16,000	$43,670

　　在十年後的最後交易日，2011年12月30日以每股65元全數賣掉這十張股票，所得現金有$647,124元，價差獲利有$512,933元，加上配息$43,670元，合計獲利$556,603元，總投資報酬率為415%，平均年投資報酬率為41.5%。

　　股票生態系統內的股票進行靜態平衡操作，我們預期投資報酬率至少會有5%～7%，以這個例子來講，僅僅一檔的平均年投資報酬率就已是41.5%，假設就算股票生態系統內的其他股票流年不利，或有一兩年不配息或是股價低迷的情況，只要時間拉長，整體計算投資報酬率至少有5%～7%是輕而易舉。

Q 投資人常問：

進行動態平衡操作，何時賣股票呢？要怎麼賣才稱之為動態呢？

　　如前所述，股票生態系統內的某檔股價飆漲，漲超過5%～7%甚至更高，先行獲利了結，再補進尚未買進或尚未起漲或欲降低成本的股票。要設定多少百分比才獲利了結，事實上是因人而異，只要有賺都是對的賣出策略，即使只賺1%想賣就賣。是的！沒在開玩笑！這種做法是在提高資金的流動與效率，並降低長期持有遇到股災大跌的風險，只要每賣一次，每獲利一次，資金回來，同時手頭的資金又會增加一點點。一次只賺1%就賣是非常容易達成，一年裡成功操作5次就好，這樣就賺了5%。最後我們再選定某些**填權息**機率高的股票參與配權息，股息股利又能賺至少5～7%，這樣一年下來，價差加股息股利要賺超過10%以上，就變得非常容易。有句老話，寧可錯賣少賺，也不要放到賠錢。

填權息

前面提到「除權息」是將股票股利分配給股東，那麼在分完之後，股價自然就會下跌。「填權息」就是指除權息過後，股價逐漸回升至除權息前的價格。

下表仍以聯電（2303）為例，這是2021年的動態平衡操作紀錄。一年內進出了5次，實際上真正拿出來買股票的錢是第一次$132,188元，之後買進股票的錢除了第一次$132,188元，其餘都是賺到的價差再加上去的。這五次進出獲利$151,165元，投報率為114%，年化投報率為207%。

股票生態系統內的股票進行動態平衡操作，我們預期投資報酬率至少會有10%，以這個例子來講，僅僅一檔年化投報率就已達207%，假設我們就算沒那麼神，很謙卑地把投報率打個一折好了，投報率還是有20%。

日期	交易	股價	股數	投資金額	獲利	持有天數	投報率	年化投報率
2021/1/8	買	44	3,000	$132,188				
2021/2/19	賣	57	3,000	$170,243	$38,055	42	29%	250%
2021/3/19	買	47	3,000	$141,201				
2021/4/29	賣	60	3,000	$179,204	$38,003	41	27%	240%
2021/5/28	買	50	3,000	$150,214				
2021/8/6	賣	57	3,000	$171,244	$21,030	70	14%	73%
2021/8/20	買	56	3,000	$168,239				
2021/9/10	賣	70	3,000	$210,299	$42,060	21	25%	435%
2021/11/12	買	62	3,000	$186,265				
2021/12/10	賣	66	3,000	$198,282	$12,017	28	6%	84%

　　動態平衡操作當然會碰到賣出之後買不回來，錯過大行情的鳥事，怎樣克服這個問題？當然只要能賺錢，大錢小錢都是錢，這問題的答案本就沒什麼對錯。

　　但是從歷年統計分析來看，一年裡跌的天數通常會多過於漲的天數，一年裡總會有那麼幾次失心瘋的大跌或是股災。因此，我的經驗是賣掉之後持續大漲的沒有幾檔，有更多的情形是賣掉之後終究是跌的情形比較多。基於此，不需要為了要等一檔有大行情的股票，而都不賣股票。為了賺了一檔大行情的股票，卻賠了其他，加起來還是賠的話，那有什麼用？

　　有一個另類思考，想要克服賣太快的方式，或許是價差獲利永遠讓你賠個0.5～1%，讓你一直想賣而賣不成，但每年卻給你5～7%的股息股利，到頭來計算，搞不好這種股票賺最多。因為價差獲利賠0.5～1%，不會影響心情，也不會想停損砍掉，卻會讓你天天有等待發財的正能量。

Q 投資人常問：

進行靜態平衡操作或動態平衡操作，會遇到停損的問題嗎？

　　有些操作方式是以消息面、技術分析與**籌碼分析**為主的短線操作，並不會特別關注公司的基本體質與營收獲利，這類型的操作若又搭配融資融券買進賣出時，就是一種高風險的操作，因此當有風吹草動的訊號須要執行停損，就一定要快速執行停損，保本為先，一但戀棧，有可能血本無歸，傾家蕩產。

籌碼分析

研究大戶（握有大量資金，在股票市場上對股票價格特別有影響力的人）的動向，藉此預測股票漲跌。

而在我們的股票生態系統內，進行動態平衡操作或靜態平衡操作，只有停利沒有停損，因為買的都是自己可承受誤判買進風險水準下的股票，當持股期間遇到股災，股價非理性迅速爆跌，都不該執行停損，而是要伺機加碼，增加持股，降低平均成本，拉長持有時間，進行靜態平衡操作，耐心等待配息配股，時間終將回報。

有一種特別的情形，在我們的股票生態系統內，萬一若持有的股票基本體質與營收獲利每況愈下，持續惡化，甚至已有兩年以上不配息配股時，此時得要壯士斷腕賣掉，換成當下更有效率股票，這筆死錢才能活過來，讓原本已不配息配股的情形，能持續配息配股，就能反敗為勝，這方式稱之為換股操作，不叫停損。

在這裡要附帶說明一下，長期不配息配股是進行換股操作很重要的指標，但是高股息或是高**殖利率**卻不是買進的重要指標，股息配多代表老闆「可能」比較慷慨嗎？其實很少老闆會對散戶股東真正慷慨的，一般而言，人家只是給出「對他自己有利的計算」而已，不要無良到坑殺散戶就要偷笑了。所以，高股息或是高殖利率只能參考，不該是選股的依據。若要參加除息的股票，最重要的還是能不能成功填息。配很多，卻填不了息，那還是自己掏錢買的利息，有何用呢？

殖利率

股票的殖利率是指股息（現金股利）除以股價，以百分比表示。

Q 投資人常問：

很多人在高中即接觸過貝氏定理（Bayes' theorem）和條件機率的計算，但可能沒體會到貝氏定理在選股策略上的強大，我們可以運用貝氏定理發展出動態平衡操作的季節循環。動態平衡操作的季節循環是如何操作呢？

　　貝氏定理（Bayes' theorem）也是經常被運用在股票操作上的統計思維，簡單說就是在已知一些條件下去選股，會比在完全未知的條件下，其勝率會比較高。若要運用貝氏定理，循著不同季節的時間點，動態變換選股策略，其最重要的參考時間點就是每季財報公布日前：

股票	第一季	第二季	第三季	第四季
一般業	5月15日	8月14日	11月14日	次年3月31日
金控業*	5月30日	8月31日	11月29日	次年3月31日
其他金融相關	5月15日	8月31日	11月14日	次年3月31日

*金控業通常會於每季結束的次月初即自行公布

　　元月到三月底，在去年第1季到第3季EPS（每股盈餘）已知前提下，去找去年第四季EPS相對於前年第四季EPS可能有獲利成長的股票，且股價還沒漲到的，在公布去年第4季EPS新聞之前買進，在公布獲利新聞之後拉出長紅棒後賣掉。金控類股則例外，金控類股會在元月就自行公布去

年第4季EPS，因此金控類股要在去年十二月就要開始物色，元月就配合新聞公布跑一次。

四月到六月，觀察已經賣掉的股票是否莫名其妙跌深，最好是跌回公布獲利或公布配息前的價位或更低，若能搭配第一季EPS已公布又不差，是上選的股票，那就是回補的好時機，六月底七月初除息前可能還會有一波回升，可再跑一次。若沒有回升，買了就乖乖存股等除權息了。

七八月是暑假，暑假期間是除權息旺季，除權息是可操作的。此時的選股並不是以殖利率的高低來判斷，而是要找配息少的但能快速填息的股票，配息前幾天買進，配息之後填息即可賣出，所得現金再去買進目前尚未配息的股票。若是沒照著劇本走，那也是乖乖存股等來年了。

過了暑假，大概就沒什麼好玩了。一直要到十二月，開始要物色被低估的金控類股並等開新年紅盤。

元月到三月	找去年第四季EPS相對於前年第四季EPS可能有獲利成長的股票，在公布去年第4季EPS新聞前買進，在公布獲利新聞之後拉出長紅棒後賣掉。
四月到七月	觀察已賣掉的股票是否莫名跌深，最好跌回公布獲利或公布配息前的價位或更低，再搭配第一季EPS公布又不差，是上選的股票。
七、八月	選股不以殖利率高低來判斷，找配息少但可能快速填息的股票，配息前幾天買進，除息後填息即可賣出，所得現金再去買進目前尚未除息的股票。
十二月	金控類股通常會在次年元月就自行公布去年第4季EPS，在十二月就要開始物色，次年元月配合新聞公布再跑一次。

統計思維的財務槓桿

Q 投資人常問：

如果有一個理財商品，一個月繳1萬，20年後可領回1,000萬。換言之，自己的錢共繳了240萬，實際賺了760萬，你會買這樣的理財商品嗎？

事實上，市場上不可能會有那麼好的商品，而這正是股票動態平衡操作的獲利模式。這是怎麼做？如果有一棟乾淨沒有房貸的建物，去貸200萬貸20年，以現在的利率水準，一個月大概就是繳1萬。進行動態平衡生態系統的操作，每年至少會有7～10%甚至15%以上的投報率，20年後大概會獲利至少會有1,000萬，其中200萬是自己繳的錢（這也是一種強迫儲蓄的概念），40萬是房貸利息和地震險和火險的應有成本，淨賺760萬。

目前房貸利率大概就是1.X%，以10%的投報率計算，還至少有8%的利差，這是簡單數學，為什麼一般人不敢做？這問題並不是我們的數學教育出了問題，而是缺乏有錢人思維和涉及安全感的心理層面問題。

最近網路上有一種說法，貧窮限制了人的想像，的確如此，有錢人和一般人對於錢的思維是不一樣的。人對於錢這東西可以行使兩種權利，一是「所有權」，一是「使用權」。有錢人極盡可能去跟銀行借錢，用別人的錢滾錢，再用賺來的錢享受生活，這是有錢人懂得把錢的「使用權」放

到無限大。我常講的一個最保守方案，去貸1.X%買配息有4%的特別股，還有2.5%的利差，去銀行講你要借錢，銀行會很樂於借你錢，然後就有白花花的鈔票從天上掉下來。

我父母一輩子就是把省下的錢，放在定存不用，他們對於錢是僅有「所有權」但不執行「使用權」，等死後，這「所有權」還是收回國有。這沒有什麼不對的，這是安全感問題，當時的農業社會，就怕農作欠收，如果欠收沒存點錢，全家就要喝西北風了。

有錢人思維

極盡可能去跟銀行借錢，用別人的錢滾錢，再用賺來的錢享受生活，這是有錢人懂得把錢的「使用權」放到無限大。

一般人思維

把省下的錢，放在定存不用，對錢僅有「所有權」但不執行「使用權」，死後「所有權」還是收回國有。

我要表達什麼？當股票投資計畫是在自己能承受風險水準下進行時，適度提高財務槓桿，何懼之有呢？

要做這件事的前提是工作收入要穩定，每個月都有固定收入進帳，且目前還在租房子的話，自然是拿那1,000萬去買價格1,000萬或少於1,000萬地段好的房子，再拿房子貸款，去買股票進行動態平衡操作。

若能貸出房價八成的話，以目前的貸款利率水準，貸三十年本息一起還，一個月只繳兩萬七，搞不好就只是你現在租房子的租金而已。至於怎麼繳房貸？就從部分薪水所得和股票操作所得支應房貸，若是單身還可將房分租單身同事，增加更多每月現金流入。

貸出的800萬，以上述動態平衡生態系統操作，每年至少會有7～10%甚至15%以上的投報率，我們採10%扣掉2%貸款利息成本為8%的非常保守估算，30年後的本利和至少會有8,000萬，和一間乾乾淨淨沒有貸款的房子。如果認為這樣算「太數學」的話，我們不求這目標100%達成率，打個對折，達成50%就好，這樣還是有4,000萬。這不是天方夜譚，只是要去做！不給自己機會衝一次，只有小資族薪水何時能買房？

結語

Q 投資人常問：

我可以做得到嗎？

我們家的家庭醫生，他退休了，診所也要收掉了。

他告訴我「他這輩子就做對一件事。」

我心裡想，不就是高中畢業考上醫科嗎？

他說，30幾年前買這店面當診所，最近賣掉賺了一億多，比他看了一輩子的小兒科門診賺得還要多。人呀！一輩子做對一件事就夠了。

本書末了，不是要表達房地產又比股票更好賺，而是若方向對，用爬的也會到；若方向錯，用跑的，一輩子也到不了。用對的方法投資股票，終有水到渠成的一天。相信大家都做得到，但得要開始，才有可能。還沒有證券帳戶的讀者們，今天不妨就撥空，去證券公司開個戶吧！

一打開網頁，就可看到不少「26歲退休！30歲爸爸的致富經歷」、「35歲實現財富自由爽退休」、「37歲財富自由，42歲提早退休」之類的文章，那麼多人都說自己財富自由退休了，到底什麼是財富自由？

一打開網頁，就可看到不少「26歲退休！30歲爸爸的致富經歷」、「35歲實現財富自由爽退休」、「37歲財富自由，42歲提早退休」之類的文章，那麼多人都說自己財富自由退休了，到底什麼是財富自由？

要賺多少錢才叫財富自由？每個人對於財富自由的標準是不一樣的，事實上，財富自由就是達成個人想過的生活品質。有一個故事是這樣：

一個有錢的老闆退休後，移居到一個熱帶小島。小島的當地人都以打魚為生。

老闆躺在沙灘喝著啤酒，愜意享受陽光。他看到一個當地人喝著啤酒，正烤著才捕上岸的魚，便與當地人攀談起來。

老闆說：「你應該再多抓點魚來賣，賺了錢買漁船，可以捕更多的魚，賺更多錢，開工廠做魚罐頭，再賺更多錢。」

當地人受到啟發，對這話題感到非常新鮮有趣，於是問道：「賺更多錢，然後呢？」

老闆說回答：「然後你就可以跟我一樣退休，躺在沙灘喝著啤酒，愜意享受陽光。」

當地人狐疑地抓著頭問：「我現在不就在這兒跟你一樣，躺在沙灘喝啤酒曬太陽嗎？」

我想說的是，如果要過那樣的生活，當地人早已財富自由，何須有錢的老闆給建議呢？隨著我不同階段的成長，對於賺錢的看法，也不斷在修正。照我以前的做法，我只想著把賺到的錢，再放到更有效率的投資工具，賺更多的錢，然後呢？不就只是看到一串存摺數字在複利變化而已嗎？

我年輕時在美國就是一個窮留學生，買個衛生紙也要計算平均一呎多少錢（美國家庭用衛生紙是捲筒式，計算單位是呎，台灣使用抽取式，計算單位用抽），然後買回來那種劣質衛生紙很薄，一擦就破；買最便宜的豬肉部位和內臟，滷成一大鍋吃一兩個星期，那時真不知道什麼叫萊豬，就算知道，我還是會買，原因無他，帶去美國的錢有限，不省點就怕花完，花完日子要怎麼過？我真怕了那種匱乏的日子。

現在的我，認為賺錢就是要用，買個東西不用想太多，不用看標價，也不須有罪惡感，錢隨時ready，隨時可用，自在用錢，樂於生活並樂於工作，這樣就好，而今我已五十有餘，才漸漸弄懂這個道理，至於要賺多少錢才能財富自由，才能退休呢？這應該不重要吧！

❶ 投資股票為避免賠錢或血本無歸，**要蒐集各樣相關資料反覆檢定**，把誤判買進的機率降低。若誤判買進的機率還是不幸發生了，也能控制損失不致影響日常生活。能做到如此，就代表投資者已經了解投資股票的風險控制，也能承受這個風險的發生。

❷ **靜態平衡操作：**買進候選名單中的股票，長期持有並參與配息配股，投資報酬率會在5%～7%範圍，再搭配借出股票，獲取借出股票的租金報酬。靜態平衡操作把股票視為資產配置，我們不會輕易賣掉我們的資產，除非現金流入不若以往優渥，處分掉再換投報率更好的股票。

❸ **動態平衡操作：**原欲進行靜態平衡操作，但某檔股價突然飆漲，漲超過5%～7%甚至更高，這時先行獲利了結，再補進尚未買進或尚未起漲或欲降低成本的股票。至於要設定多少百分比才獲利了結？只要有賺都可以，即使只賺1%想賣就賣。這種做法是在提高資金的流動與效率，並降低長期持有遇到股災大跌的風險，只要每賣一次，就獲利一次，資金回來，同時手頭的資金又會增加一些。一次只賺1%就賣非常容易達成，一年裡成功操作5次就好，這樣就賺了5%。最後我們再選定某些填權息機率高的股票參與配權息，股息股利又能賺至少5～7%，這樣一年下來，價差加股息股利要賺超過10%以上，就變得非常容易。

❹ 進行動態平衡操作或靜態平衡操作，**只有停利沒有停損**，因為買的都是自己可承受誤判買進風險水準下的股票，當持股期間遇到股災，股價非理性迅速爆跌，都不該執行停損，而是要伺機加碼，增加持股，降低平均成本，拉長持有時間，進行靜態平衡操作，耐心等待配息配股，時間終將回報。

❺ 循著不同季節的時間點，動態變換選股策略，其勝率會比較高：

1. 元月到三月：找去年第4季EPS相對於前年第4季EPS可能有獲利成長的股票，在公布去年第4季EPS新聞前買進，在公布獲利新聞之後拉出長紅棒後賣掉。

2. 四月到七月：觀察已賣掉的股票是否莫名跌深，最好跌回公布獲利或公布配息前的價位或更低，再搭配第一季EPS公布又不差，是上選的股票。

3. 七、八月：選股不以殖利率高低來判斷，找配息少但可能快速填息的股票，配息前幾天買進，除息後填息即可賣出，所得現金再去買進目前尚未除息的股票。

4. 十二月：金控類股通常會在次年元月就自行公布去年第4季EPS，在十二月就要開始物色，次年元月配合新聞公布再跑一次。

CHAPTER 6

認識台灣的護國神山：
半導體產業介紹

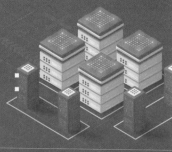

CHAPTER 6
認識台灣的護國神山：
半導體產業介紹

本章的討論著重在半導體相關產業之介紹，包括半導體IC製造之上中下游產業鏈、半導體製造流程、半導體三個世代分類等等。編寫方式簡單扼要、清楚易懂，能讓沒有相關專業背景的投資人在短時間內對半導體產業具備一個整體概念，不再盲從跟進投資賠錢，而是自己能夠掌握半導體產業未來趨勢與規劃具有獲利潛力之投資重點。

 ## 認識半導體產業鏈

Q 投資人常問：

台灣股市的上市、上櫃類股中，與半導體相關產業的個股非常多，多到讓人看了眼花撩亂，更遑論瞭解其之間的關係。是否可針對半導體相關產業作一個整體概念性的產業鏈介紹，以瞭解其間之關係，使得易於掌握彼此間的連動關係，作為進出場、加減碼之參考。

這個問題對於想投資半導體相關產業的投資人來說相當重要。舉例來說，如果台積電（2330）的製造費用漲價的話，則可能直接受惠的會是

聯電（2303）或世界先進（5347）等IC晶圓代工公司，而受到影響的會是聯發科（2454）、聯詠（3034）或敦泰（3545）等這一類的IC設計公司；若台積電（2330）欲增加毛利率而對提供其材料、廠務或設備服務的廠商砍價，則可能直接受害的廠商包括漢唐（2404）、帆宣（6196）、精材（3374）等等。因此瞭解半導體產業鏈之間的關係是進入投資半導體相關類股獲利的第一步。

下圖為半導體IC產業之上、中、下游的關係示意圖。上游為IC設計公司，例如聯發科（2454）以設計手機通訊晶片為主，威盛（2388）以設計電腦晶片為主。基本上IC設計公司的市場部門會先從IC於應用端的市場調查及獲利預測開始。

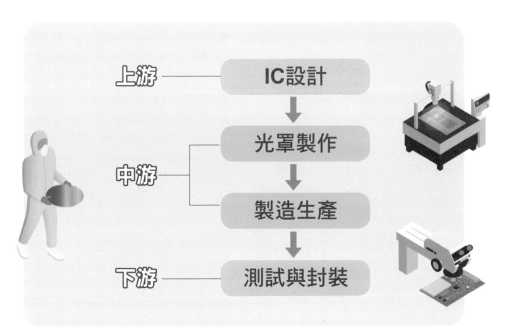

半導體產業的上、中、下游關係示意圖

例如，假設某手機廠商希望在推出的新款手機增加可以將影片直接投射在牆面或螢幕上觀看的新功能，則該公司的市場部門人員會針對此新功能是否受使用者的喜愛作市場調查，如果調查的結果是正面的，則會再跟公司的工程人員討論其技術可行性，與評估此新產品之合理價位和可能之獲利。若評估可行，則工程人員依照市場調查後的產品定位，訂定該IC產品的規格，然後IC設計工程師依照訂定的產品規格，進行相關的產品設計。產品設計包含的電路設計是IC設計工程師主要的一個工作項目，接著電路布局工程師會根據電路設計完成電路布局圖，此也稱為布局設計。

接著討論的中游產業主要是與生產製造有關，例如台積電（2330）、聯電（2303）、穩懋（3105）等屬於晶圓代工廠；南亞科（2408）、華邦電（2344）、旺宏（2337）等屬於記憶體製造廠。前述在上游IC設計公司設計好的電路布局圖會送到製作光罩的公司用以製作光罩，相關的公司例如台灣光罩（2338）等。製作光罩使用的材料是可透光的石英玻璃，而光罩上黑色不透光的部分是覆蓋在石英玻璃上的鉻金屬薄膜。光罩製作完成後會送到IC製造廠，於微影製程中使用。流程可參考P166「半導體產業的中游生產製造示意圖」。

一家IC製造廠除了剛剛提到會用到光罩的微影製程外，還有擴散、薄膜與蝕刻等製程單元或稱為製程模組，而整個晶片的製造就是交替地重覆使用這些製程模組，如「半導體產業的中游生產製造示意圖」，示意圖也顯示所有的半導體製程都必須在所謂的無塵室中進行，因為即使是微小粒子（如灰塵）也可能會引起IC的內部缺陷，使得IC無法工作或不正常工作，造成產品良率降低而影響獲利。而且隨著製程愈進步，積體電路愈做

愈小或要求的功能愈來愈多，在製造過程中能容忍的微小粒子尺寸也跟著愈來愈小，也就是需要等級愈高的無塵室。晶圓廠之無塵室的建置與維護需仰賴提供無塵室設備與廠務工程的廠商，例如漢唐（2404）、亞翔（6139）等。

IC製造廠的供應鏈除了無塵室以外，還有其他許許多多的廠務設備工程、製程機台設備、半導體電子材料與化學材料等廠商。舉例來說，帆宣（6196）可提供EUV（極紫外光）等設備；崇越（5434）是光阻液、研磨液等半導體材料通路商；京鼎（3413）是供應CVD（化學氣相沉積）與蝕刻機等半導體前段製程機台的廠商；家登（3680）為製造EUV光罩盒的公司；環球晶（6488）、合晶（6182）則是提供進入製程前的空白矽晶圓。

空白矽晶圓在無塵室完成所有製程步驟後，將進入到下游的測試與封裝產業。理論上，在同一片晶圓上製作完成的所有IC應該會完全一樣才對，但因為製程不均勻性的緣故（例如某個加熱製程的最佳溫度需要在1000˚C的環境下，但在此製程中的受熱晶圓並不會整片晶圓都受熱1000˚C），使得晶圓上的IC（也稱為晶粒）也有差異，有的可以正常工作，有的無法正常工作或根本不工作。因此，需要對晶圓上的所有IC作測試，只有通過測試的IC才會從晶圓上切割下來封裝成IC晶片。通常IC製造廠全力專注於製程研發與後續製程改善，因此將完成製程後的晶圓測試與晶片封裝交由下游廠商完成。下游的封測廠有日月光控股（3711）、京元電（2449）、欣銓（3264）、超豐（2441）等等。

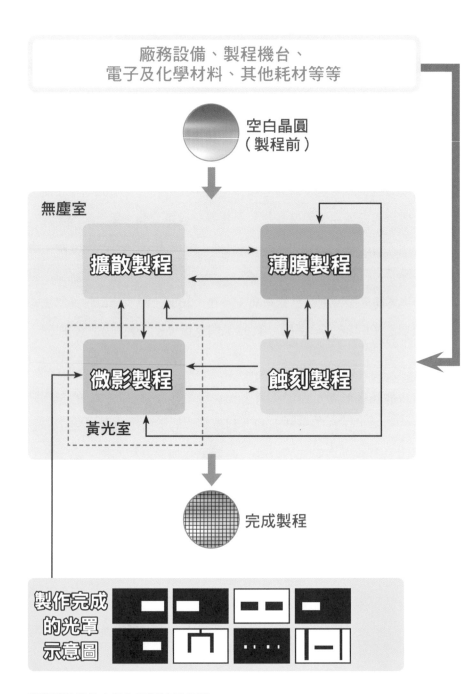

半導體產業的中游生產製造示意圖

半導體IC產業鏈的上、中、下游幾家相關公司

上游產業	IC 設計	手機通訊晶片設計	聯發科（2454）
		電腦晶片設計	威盛（2388）
中游產業	IC 製造	晶圓代工	台積電（2330） 聯電（2303）
		記憶體製造	南亞科（2408） 華邦電（2344）
	廠務、設備、材料等供應商	光罩	台灣光罩（2338）
		無塵室	漢唐（2404） 亞翔（6139）
		製程機台	京鼎（3413） 帆宣（6196）
		半導體材料	崇越（5434）
		矽晶圓	環球晶（6488） 合晶（6182）
		光罩盒	家登（3680）
下游產業	IC 封裝測試	封裝測試	日月光控股（3711） 京元電（2449） 欣銓（3264）

Q 投資人常問：

在半導體產業鏈裡，上、中、下游公司間的股價是否會有連動關係？
若有，則該如何判斷？

　　如果投資人會問到這個問題，通常表示這位投資人對P163「半導體產業的上、中、下游關係示意圖」和P166「半導體產業的中游生產製造示意圖」之半導體產業鏈有初步的瞭解。但為了要容易說明其間的連動關係，可以將半導體產業來類比房地產產業想像，如右頁圖。半導體上游設計公司的IC設計圖就好比建設公司請建築師繪製的房屋建築設計圖；空白晶圓可以想成準備蓋房子的素地；晶圓廠內用於製程上的機台、設備與半導體耗材等就如同營造廠蓋房子所需的建築機具與建材等；當晶圓完成製程將許多相同的IC製作好在晶圓上就好像營造廠在建設公司原先規劃的素地上蓋好了許許多多相同的房子，每一棟房子就是一顆IC；完成封裝測試可以使用賣錢的IC晶片則類似經過裝潢與完成驗收可以出售的裝潢屋。

　　底下舉幾個例子，利用房地產產業間的連動來說明半導體產業裡上、中、下游的連動關係。

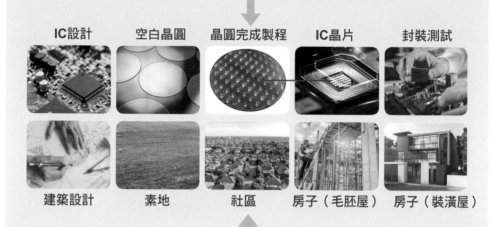

半導體產業與房地產業間的類比

　　第一個例子是如果建築工人時薪或水泥鋼鐵等建材漲價的話，受到影響最大的會是營造公司，因為基本資出成本增加了使得獲利減少，這也會使建設公司受到影響因為營造公司未來會向建設公司增加營造報價。同理，如果空白晶圓或半導體製程所需化學材料漲價，則晶圓製造公司的股價首當其衝受到影響外，IC設計公司也會受到影響。

　　第二個例子是如果記憶體產業復甦，使得記憶體製造大廠紛紛擴廠以增加產能，則必帶動所需相關設備供應鏈公司之股價看漲。這如同景氣好的時候，預售屋的需求量大，營造廠需要購入更多的建築機具設備與建材，因此相關的設備與建材供應廠商必然受惠。

第三個例子是如果台積電（2330）突然宣布其晶圓代工費用漲價的話，則由於轉單效應而直接受惠的很可能會是聯電（2303）、世界先進（5347）等性質類似且具有相當規模的晶圓代工公司。這就好像某一營造大廠突然提高營造價格，則必然會有一些建設公司因為成本考量而轉向其他也是具有相當規模以及口碑也不錯的營造廠，而且這些營造廠也因為該營造大廠漲價而也跟著有漲價的空間。

最後再舉一個例子，如果某些特殊的建築外觀或工法只有某幾家營造廠會實施，且若這些特殊的外觀或工法受到大眾的喜愛，則這幾家營造廠的業績必然成長。同樣的，如果一個受歡迎的電子產品需要某種特殊材料，例如電動車需要所謂的第三代半導體，則第三代半導體相關的概念股的股價必然可以期待。

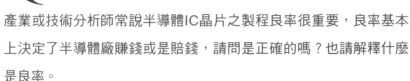

 Q 投資人常問：

產業或技術分析師常說半導體IC晶片之製程良率很重要，良率基本上決定了半導體廠賺錢或是賠錢，請問是正確的嗎？也請解釋什麼是良率。

沒錯，在半導體IC晶片的製造上，良率的高低是非常重要的，良率確實決定了一家半導體廠會賺錢或是賠錢，以及賺錢或賠錢的多寡。高良率

代表可正常工作的IC晶片可被有效地製造，低良率則表示IC產品設計或生產製造流程中的某個或某些環節上出了問題，需要積極解決以提昇良率。

首先，先解釋什麼是良率。在IC晶片的生產裡，有幾種不同的良率定義，在此為了簡單起見，僅說明與半導體製程最相關的晶粒良率。晶粒良率也就是在半導體製造廠中完成所有製程步驟後，所有晶圓上好的晶粒數目與晶圓上的所有晶粒總數之比值。

其中所謂好的晶粒是指能夠通過測試的晶粒。例如，某個產品使用80片晶圓完成所有製程步驟後，每片晶圓上有100顆完整的晶粒，如下頁的示意圖。若在此總數為8000顆的晶粒中，有7600顆晶粒能夠符合晶圓測試的要求，則此晶粒良率等於7600/8000 = 95%。

晶粒良率也是半導體廠用來監控整個製程步驟品質好壞的一個很重要指標，當晶粒良率突然明顯下降時表示製程中出現問題，此時生產線必須停止運作，且工程師必須即刻找出製程問題並立即改善。此外，對於動輒幾百道製程步驟的先進IC晶片而言，絕大多數的製程步驟都必須近乎完美，才能夠確保有高的晶粒良率。

簡單舉例，若某一先進IC晶片的製程共有200道製程步驟，且假設每一道製程步驟的成功比率都是99%的話（看起來好像很不錯了），但此製程的晶粒良率只等於（0.99）200 = 0.134 = 13.4%（很低）！因此，為了達到可接受的晶粒良率，每一道製程步驟的成功比率都必須非常接近100%。

接著說明良率為何決定了半導體廠賺錢或是賠錢。因為半導體廠在生產製造的過程中，除了廠務與設備機台外，還需要許許多多、各式各樣的化學材料等等，這些都所費不貲，而且半導體廠的收費是以能夠通過測試的良好IC數目來計價，因此良率愈高代表能賣錢的IC數目也愈多，也意味在某個固定的原材料消耗上能夠較有效率地生產IC。

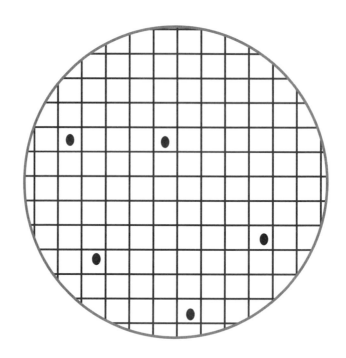

完成製程後的一片晶圓，假設上面有100顆完整的晶粒，
晶粒上面打黑點的表示未能通過測試的晶粒，不會封裝成IC晶片

Q 投資人常問：

IC設計公司的股價常常漲勢很兇，是什麼原因？以及IC設計公司有沒有不同的分類？

前面提到可以將IC設計公司想成建築師事務所，所以IC設計公司同樣是屬於高度技術專業導向的公司，也因此IC設計公司是屬於低成本但高獲利的公司。以聯發科（2454）在2021年第3季的公開資料為例，其股本約為160億，遠低於台積電（2330）約為2600億與聯電（2303）約為1250億的股本；而其2021年第3季單季的毛利率約為46.70%，又遠高於鴻海（2317）約為6.30%與中鋼（2002）約22.80%的毛利率。

因此IC設計公司一旦有新的題材或好的消息面，很容易提高投資者對市場的投資信心而激勵股價。例如，聯發科（2454）所推出的智慧型手機5G處理器天璣（Dimensity）系列就有助於其股價不斷的往上衝高。

IC設計公司的分類可用設計產業類別（如記憶體、數位邏輯IC、類比IC等）或營運模式（business model）方式作分類，若以營運模式分類基本上可以分成三大類：設計晶片及銷售、客製化委託設計服務、IP矽智財技術服務，如下頁分類表格所示。

IC設計公司以營運模式（business model）的方式分類

營運模式	相關公司舉例	以房屋建築設計類比說明	備註
設計晶片及銷售	聯發科（2454） 聯詠（3034）	這類IC設計公司就如同一家建設公司由公司自己作建築設計及銷售工作，但建蓋施工的部分則是委外由營造廠蓋。	聯發科（2454）主要是設計手機晶片，委外代工的晶圓廠以台積電（2330）為主；聯詠（3034）主要是設計邏輯IC晶片，屬於聯電集團。
客製化委託設計服務	創意（3443） 智原（3035）	此類IC設計公司如同專門接受建設公司委託，依照建設公司的構想與需求而繪製建築設計圖的建築師事務所。	創意（3443）屬於台積電集團；智原（3035）屬於聯電集團。
IP矽智財技術服務	力旺（3529） M31（6643）	此類IC設計公司相當於提供建設公司房屋的設計圖藍圖，讓建設公司在此基礎上自行設計，以變化出不同樣貌的房屋。	力旺（3529）可說是IP矽智財的龍頭公司，與台積電合作密切；M31（6643）的股本約為3.2億，2021年第3季的累計毛利率為100%。

第一類是自行研發設計IC晶片，完成IC設計後再分別委外由晶圓代工廠生產製造及封測廠作封裝測試，最後再自行販售代工完成的IC晶片，因此公司可以省掉購買生產製造所需的龐大設備費用與人事費用。這就好像一家建設公司由公司內部的建築師作房屋建築設計，設計好後再委由營造廠蓋，房屋蓋好後再由建設公司作銷售。

第二類IC設計公司的營運模式是接受客戶的委託，針對客戶的特殊需求或特定的應用需要，而為客戶作IC晶片的設計服務。例如有一客戶需要具有某特定功能的IC，但是市面上並沒有具備這種功能的IC，因此此客戶可以委託這一類專作客製化設計服務的IC設計公司，特別為這位客戶的需求作設計。而針對這位客戶的特定需要而設計出來的積體電路稱為ASIC（Application Specific Integrated Circuit，特定應用積體電路）。這一類的IC設計公司就好像專接受建設公司委託，依照建設公司的構想與需求而繪製建築設計圖的建築師事務所。

第三類則是提供矽智財的IC設計公司。所謂矽智財（Silicon Intellectual Property，矽智慧財產權）可以想成是積體電路設計的智慧財產權概念，與一般熟悉的專利技術授權有異曲同工之妙。簡單來説，是將積體電路設計中可以重覆使用的部分加以模組化，並授權給IC設計業者在開發新晶片時使用，不需要再針對每個細節進行設計與規劃，因此可以將複雜的IC設計過程簡單化，以達到降低開發難度及開發週期的目的，並且可以提高產品性能與良率及降低成本。

若以房屋建築設計類比，則此類IC設計公司相當於提供建設公司房屋的設計圖藍圖或樣品屋，讓建設公司在此基礎上自行設計，以變化出不同

樣貌的房屋。這一類IC設計公司的技術難度高，競爭者相對少，加上主要的獲利來源為智慧財產授權的權利金，具有極高的商業價值，可以說是位於IC設計產業鏈的金字塔頂端。

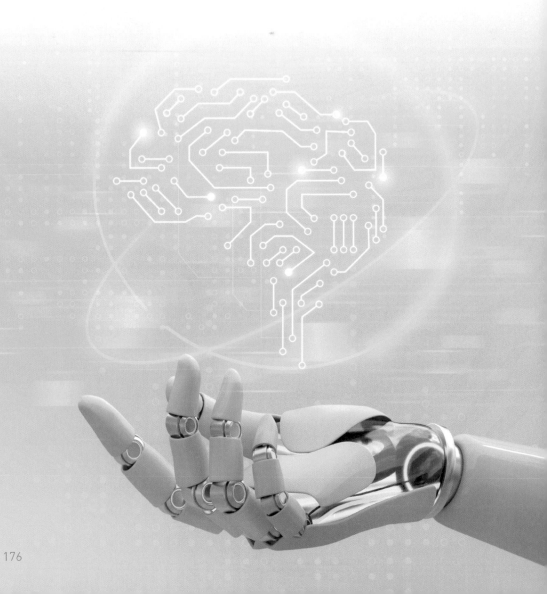

半導體製程介紹

Q 投資人常問：

在網路查詢半導體相關類股公司的營業項目，以及公司的相關新聞報導時，常常出現半導體製程的專業名詞（包括微影、薄膜沉積、蝕刻、擴散加熱等製程），與製程相關的機台設備（如CVD機台、濕式蝕刻機台等）和耗材（如光阻、清洗液等），是否可使用淺顯易懂的方式作個概念性的介紹，以讓投資人較能夠掌握相關公司的營業項目在半導體製造流程中所扮演的角色呢？

　　這個問題對於半導體相關產業的投資人來說也是相當的重要，因為這些公司就是提供晶圓廠在半導體製造過程中所需要的機台設備、半導體耗材等之供應商，因此建議投資人需要對半導體製程有一個概念性的瞭解（但不用深入，因為是很專業的領域）。由P166的「半導體產業的中游生產製造示意圖」可知半導體IC的生產製造是由四個製程模組交替的重覆而組成，這四個製程模組為：微影製程、薄膜沉積製程（或簡稱薄膜製程）、蝕刻製程與擴散加熱製程（或簡稱擴散製程）。

　　下頁圖（a）為一個簡單半導體IC晶片製作完成後之剖面示意圖，可看出IC晶片的結構好像圖（b）一個大樓的結構，IC的製作就如同蓋大樓般，由大樓的地基依序往上蓋一樓大廳，接著二樓以上樓層，最後是頂樓

屋頂。因此，如右頁表格所示，半導體的四個製程也可利用營造廠在蓋房子時的四個土木建築工程作類比說明，較有助於理解。

（a）

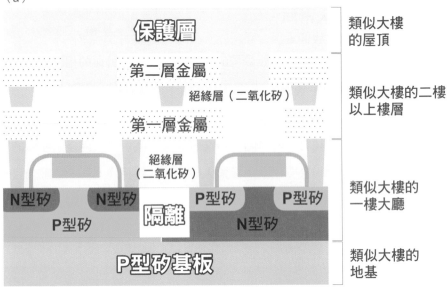

（b）

（a）一個簡單製程製作IC晶片的剖面示意圖；（b）建築大樓

半導體製程與土木建築工程間的類比

半導體製程	對應之土木建築工程	簡單說明
微影製程	放樣工程	使用類似傳統光學照相機的方式，透過對光罩曝光，將已經轉移到光罩上的IC設計圖再轉移到晶圓上。
蝕刻製程	挖土（掘削）工程	將晶圓表面不需要的薄膜層移除。
薄膜沉積製程	填土（回填）工程	將想要形成在晶圓上不同的薄膜層材料依序沉積在晶圓表面。
擴散加熱製程	養護工程	晶圓在製造過程中涉及的高溫製程。

　　半導體中的微影製程類似土木建築的放樣工程。放樣工程是蓋房子的每個樓層的第一步，就是根據建築師繪製的房屋建築設計圖，在土面或樓板面上定位出將要擺放樑、柱、牆等的位置。如果是樓板面通常使用黑色的墨線定位，如果是泥土面上則不能用墨線定位，需要用樁來定位。同樣的，在半導體IC製造過程中，也需要根據IC設計圖在晶圓上定位出將要擺放電子元件與其間之連接線路的位置。

　　在晶圓上的定位是使用類似傳統光學照相機的方式，透過對光罩曝光，將已經轉移到光罩上的IC設計圖再轉移到晶圓上，這就是所謂的「微影製程」。而微影製程需用到的主要耗材有光阻、顯影液和清洗液等，需要的設備則主要是產生曝光光源（如EUV，極紫外光）所需要的機台。

蝕刻製程類似土木建築的挖土（掘削）工程；薄膜沉積製程則類似填土（回填）工程。顧名思義，挖土工程是將不需要的土石挖掘去掉，而填土工程乃是回填土石夯實。舉例來說，建築中關於柱子的施工是需要先在擺放柱子的位置往下挖掉土石，先進行所謂柱子的基礎工程，才接著組立柱子的鋼筋，以及在鋼筋外圍架設模板，再澆注水泥混凝土形成柱子。

其中，挖掉不需要土石的步驟，就如同半導體「蝕刻製程」是將晶圓表面不需要的薄膜層移除，蝕刻製程分為濕蝕刻與乾蝕刻兩大類。濕蝕刻指的是使用液態的化學溶液進行蝕刻；乾蝕刻則是使用氣態的化學蝕刻劑進行蝕刻。

因此，蝕刻製程中主要的耗材是化學蝕刻劑，主要的設備則是蝕刻機台。而此例中，澆灌混凝土的步驟很像在半導體中的「薄膜沉積製程」，此製程可將不同的薄膜層材料依序沉積在晶圓表面，形成如P178圖（a）所示的一個IC晶片剖面示意圖。半導體薄膜的沉積製程一般可分為兩大類：化學氣相沉積（CVD）與物理氣相沉積（PVD）。CVD是藉由化學反應的方式沉積半導體薄膜，而PVD是藉由物理碰撞的方式作薄膜沉積。因此，薄膜沉積製程中主要的設備是CVD機台或PVD機台。

擴散加熱製程可類比土木建築的養護工程。前例中，澆灌水泥混凝土後，不可立刻進行拆除模板的步驟，需要施行至少7天的養護工程，保證混凝土中水泥的水化反應，以確保混凝土品質。同樣地，半導體中的「擴散加熱製程」，是利用高溫加熱（攝氏650到1200度）的方式加速製程中某些化學反應或物理反應，以確保IC晶片達到設計要求的品質。

下表列出可提供上述四個主要半導體製程相關的機台設備或化學耗材之幾家供應鏈廠商，供讀者參考。

可提供主要半導體製程相關的機台設備或化學耗材之幾家供應鏈廠商

半導體製程	相關供應鏈廠商	可提供之機台設備或耗材
微影製程	帆宣（6196） 川寶（1595）	曝光設備
	辛耘（3583）	微影設備
	崇越（5434） 長興（1717）	光阻液
	三福化（4755）	顯影液
	台灣光罩（2338）	光罩
蝕刻製程	京鼎（3413） 辛耘（3583）	蝕刻設備
	中華化（1727） 勝一（1773） 三福化（4755）	蝕刻液
	崇越（5434）	研磨液
	朋億（6613）	蝕刻後清洗設備
薄膜沉積製程	辛耘（3583） 京鼎（3413）	沉積設備
	帆宣（6196）	CVD機台與CVD化學氣體
	光洋科（1785）	PVD所需之金屬靶材
擴散加熱製程	帆宣（6196） 辛耘（3583） 翔名（8091）	高溫加熱機台
	群翊（6664）	高溫烘烤系統
	弘塑（3131）	熱製程後去離子水清洗

半導體分類

Q 投資人常問：

聽到許多投資朋友常評論第一代、第二代、與第三代半導體，他們是代表什麼意思？

右頁表格為依照半導體材料的不同，將半導體區分為第一代、第二代、第三代半導體。第一代半導體是元素半導體，為我們所熟知的傳統半導體，有矽（Si）和鍺（Ge）。其中特別是矽為半導體製造的最主要材料，目前全世界至少90%以上的半導體元件都是使用矽當基底材料。除了因為矽所製成的電子元件在室溫下有較佳的特性外，成本考量也是一個主要原因。

矽在地球上隨處可見，它存在矽石與矽酸鹽中的矽含量約佔地表的25%，僅次於氧，在地表中含量排第二，代表矽是來源充足的低成本材料。也因此矽的技術是所有半導體技術中最成熟的，故被廣泛應用於各種積體電路與元件中，例如電腦中的CPU（中央處理器）、GPU（圖像處理器）、記憶體、類比晶片與邏輯晶片等消費IC，偏向於低電壓（low voltage）、低功率（low power）與低頻（low frequency）的應用。

半導體的分類

世代分類	主要材料	材料特性	主要應用	備註
第一代半導體	矽（Si）鍺（Ge）	為最主要的半導體材料，廣泛應用於各種積體電路與元件中，但無法發光。	記憶體、處理器、邏輯晶片等應用。	屬於元素半導體，其主要材料為單一化學元素。
第二代半導體	砷化鎵（GaAs）磷化銦（InP）	能夠快速處理高頻訊號，且能將訊號轉換成雷射等光源。	射頻晶片、功率放大器（手機、基地台）、LED（發光二極體）、LD（雷射二極體）等應用。	屬於化合物半導體，指主要材料組成不只一種元素。
第三代半導體	碳化矽（SiC）氮化鎵（GaN）	能夠承受更高的電壓、溫度，以及具有更高的高頻通訊傳輸效率與電源轉換效率。	5G（第五代行動通訊技術）、電源晶片、車用二極體、衛星通訊功率放大器、風力發電等電力控制系統等應用。	

　　第二代與第三代半導體都是屬於化合物半導體，意思是指主要材料的組成不只一種化學元素。第二代半導體最常見的是砷化鎵（GaAs）與磷化銦（InP）。由於第二代半導體具有高頻使用、抗干擾、低雜訊、耐高溫、耐高電壓與高發光效率等特性，其主要的應用包括手機中用來傳輸訊號的射頻（RF）元件、手機與基地台的功率放大器（PA, power amplifier）、LED（發光二極體）與LD（雷射二極體）等應用領域。

右頁圓餅圖為目前第二代半導體市場產值最大宗的砷化鎵，在2021年的市場應用分布情形。砷化鎵主要有三個應用領域：第一個為射頻領域，意即常聽到「無線通信」的高頻傳輸頻率，例如現在已經成熟的4G（第四代行動通訊技術）與甚至於目前正在快速發展的5G（第五代行動通訊技術，5th generation mobile networks）應用；第二個應用為LED（發光二極體，light-emitting diode），例如用在汽車的煞車燈、大型廣告看板等；第三個應用則為雷射二極體，例如因應5G時代來臨、資料中心（data center）的快速資料傳輸需求，VCSEL（垂直共振腔面發射雷射，vertical cavity surface emitting laser）的應用近幾年越來越受重視，像是蘋果iPhone X手機3D感測人臉辨識的「刷臉」功能，以及無人車自動駕駛的感測技術需要偵測前方是否有障礙物，都是VCSEL的應用。

　　第三代半導體可說是第二代化合物半導體的再進化，因此也稱為「次世代化合物半導體」，第三代半導體在電動車、5G/6G、太空衛星的需求下開始快速起飛，主要的材料有碳化矽（SiC）和氮化鎵（GaN）。第三代半導體的材料特性比第二代半導體更耐高電壓與耐高溫，和更快的訊號傳輸速度，故非常適合應用在電動車上動輒需要的高電壓和衛星通訊需要的高頻傳輸。此外，第三代半導體比起傳統的矽基半導體，有更佳的電源轉換效率，能夠使能源在轉換的過程中損失更少，因此未來在太陽能與風力發電等綠能產業扮演很重要的角色。

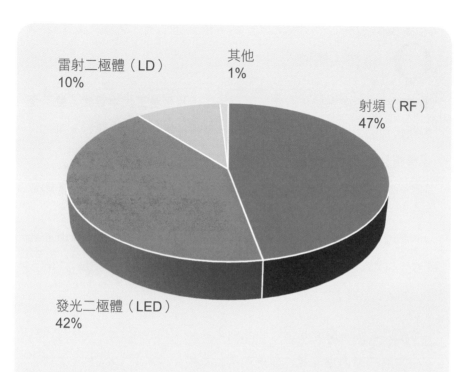

雷射二極體（LD）
10%

其他
1%

射頻（RF）
47%

發光二極體（LED）
42%

第二代半導體砷化鎵（GaAs）於2021年的市場應用分布情形

Q 投資人常問：

半導體材料從第一代半導體發展到第二代及至第三代半導體，是不是愈新代別的半導體愈好，即第三代半導體比第二代半導體好，第二代半導體又比第一代半導體好？

半導體材料依照材料特性的不同與發展歷程，分為三代，分別是第一代的矽（Si）和鍺（Ge）、第二代的砷化鎵（GaAs）和磷化銦（InP）、第三代的碳化矽（SiC）和氮化鎵（GaN）。

如果以能源轉換與高頻通訊效能來說，當然是第三代半導體材料最佳，在製造技術上也最難，但這並不代表第一代和第二代半導體就被取代，而完全失去他們的價值與市場。事實上，也由於各世代半導體材料特性間的差異，各代半導體有各自最適合的應用領域，如右頁表格所示，因此彼此間並不會存在很大的排擠效應。

簡單來說，第一代半導體主要應用在CPU處理器與消費IC，屬於低電壓、低功率、低頻的應用範圍；第二代半導體大多應用在射頻通訊IC，屬於高頻的應用範圍；第三代半導體則主要應用在5G、電動車及衛星通訊，屬於高電壓、高功率、高頻的應用範圍。由以上可知，第一代、第二代及第三代半導體，更適切的名稱應為第一類、第二類及第三類半導體。

各世代半導體材料的應用範圍

半導體材料	主要應用範圍	備註
第一代半導體	低電壓、低功率、低頻	第一代、第二代及第三代半導體，若分別稱為第一類、第二類及第三類半導體，會更適切。
第二代半導體	高頻	
第三代半導體	高電壓、高功率、高頻	

　　如前所述，第二代半導體材料最常見的是砷化鎵（GaAs）與磷化銦
（InP）。其中砷化鎵的優勢在於高頻傳輸、耐高溫、耐高壓、發光效率高，
因此主要被應用在射頻傳輸與發光二極體；而磷化銦最大的優勢在於它的功
率密度比砷化鎵還高，使得在市場上普遍認為磷化銦在5G通訊技術上的應
用潛力比砷化鎵的效果更好。但市場以結果論英雄，目前砷化鎵占第二代半
導體市場產值的最大宗，因此砷化鎵幾乎可以說是第二代半導體的代名詞，
而砷化鎵產品最經典的終端應用為功率放大器（PA, power amplifier）。所
以會有一些投資人說第二代半導體概念股就是砷化鎵概念股。

　　砷化鎵的產業結構與P163示意圖與P166示意圖之傳統矽基半導體
的產業結構類似，都是從上游的IC設計，到中游的生產製造，以及下游
的封裝測試。但兩者最大不同之處，在於砷化鎵之生產製造一開始的磊
晶（epitaxy，簡稱epi）過程比較複雜，會因產品用途不同而成長不同材
料，且磊晶過程需要的材料成本也較高，所以從製造生產的晶圓廠分割出
來，單獨形成專注於GaAs磊晶製程的磊晶廠，如右頁的示意圖所示，也
就是說空白的砷化鎵基板會先在磊晶廠成長一層很薄的特定材料（此層薄
膜稱為磊晶層epi layer）之後，再到砷化鎵晶圓廠進行IC製程。

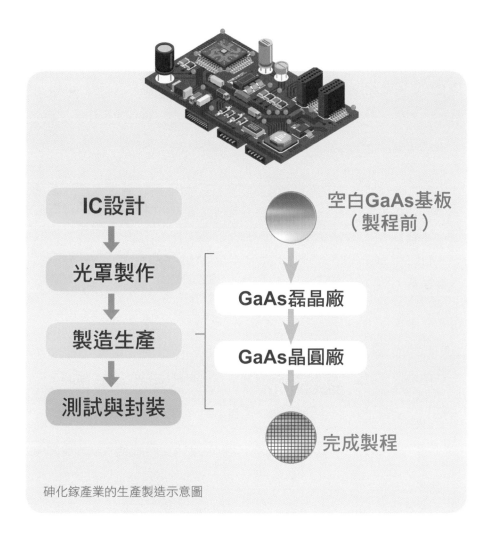

IC設計

光罩製作

製造生產

測試與封裝

空白GaAs基板
（製程前）

GaAs磊晶廠

GaAs晶圓廠

完成製程

砷化鎵產業的生產製造示意圖

　　下頁表格整理上述與砷化鎵產業結構相關的「砷化鎵概念股」之幾家公司。其中砷化鎵上游磊晶廠全新（2455）為台灣第一家本土砷化鎵磊晶製造廠商，在全球排名為前兩大製造商，它與身為化合物晶圓代工廠的龍頭穩懋（3105）以及第二大代工廠宏捷科（8086），為市場上俗稱的「PA三雄」或「砷化鎵三雄」。PA三雄受惠於5G、WiFi 6等終端應用，帶動功率放大器PA的需求量大增，市場預期訂單將持續提升。

砷化鎵產業鏈的幾家相關公司

GaAs 產業分類	代表性公司	備註
IC 設計	聯發科 （2454） 立積（4968）	立積（4968）主要在射頻（RF）IC設計，在WiFi產品開發具有長期優勢技術，近來積極發展新業務，朝向傳感器與濾波器之開發，如應用在智慧電燈的感測器與智慧型手機WiFi FEM（射頻前端模組）。
GaAs 基板	IET-KY （4971） 中美晶 （5483）	IET-KY（4971）即為英特磊公司，在砷化鎵、磷化銦都有很好的成長表現，目前也研發第三代半導體氮化鎵之成長技術。
GaAs 磊晶	全新（2455） 聯亞（3081）	全球第二大砷化鎵磊晶廠全新（2455）與前兩大化合物晶圓代工廠穩懋（3105）、宏捷科（8086）稱為「PA三雄」或「砷化鎵三雄」。
晶圓 代工製造	穩懋（3105） 宏捷科 （8086） 環宇-KY （4991）	穩懋（3105）為化合物晶圓代工廠龍頭；宏捷科（8086）為第二大化合物晶圓代工廠。 環宇-KY（4991）的新產品，碳化矽基板的氮化鎵磊晶（GaN-on-SiC）應用在5G基地台，預期將在2022年底開始量產。
封裝測試	菱生（2369） 同欣電 （6271） 訊芯-KY （6451）	菱生（2369）自2022年起跨入新業務領域，包括元宇宙及人工智慧（AI）相關晶片封裝市場，以及第三代半導體封裝領域，並擴充車用晶片封裝產能。 訊芯-KY（6451）屬於鴻海集團，目前積極布局醫療診斷類產品核心元件，包括光電陣列和生物檢測產品，並拓展元宇宙相關產品之封裝市場。

Q 投資人常問：

第三代半導體概念股有哪些公司？

　　第三代半導體材料跟第二代半導體材料一樣都是屬於化合物半導體，因此也稱為「次世代化合物半導體」，主要的材料有氮化鎵（GaN）和碳化矽（SiC）。由於此類材料本身的物理特性為寬能隙（wide bandgap），因此更適合處理高電壓、高電流、高頻率之終端應用，故可因應電動車、5G/6G基地台、綠能、快速充電樁等應用趨勢。下頁表格比較GaN和SiC兩種常見的第三代半導體。

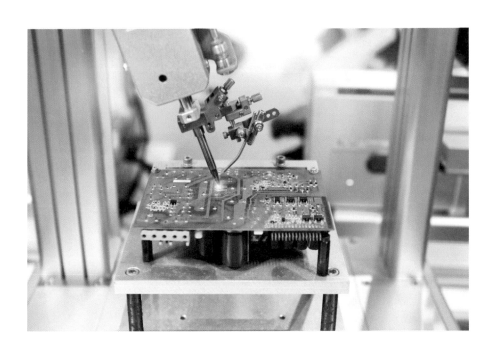

GaN和SiC的比較整理

	氮化鎵（GaN）	碳化矽（SiC）	備註
能隙（eV）	3.39	3.26	Si的能隙等於1.12 eV，GaAs的能隙等於1.42 eV。基本上，能隙越大，耐高壓性能越好。
崩潰電場強度（MV/cm）	3.3	3.5	崩潰電場強度越大，耐高壓性能越好。
飽和電子漂移速度（cm/sec）	$2.5*10^7$	$2.0*10^7$	飽和電子漂移速度，則高頻性能越好。
熱導係數（W/cm-K）	1.3	4.9	熱導係數越大，則耐高溫性能越好。
終端應用電壓區間	1000 伏特以下	1200 伏特以上	由於組成碳化矽的Si與C兩種元素都是四價元素，化學結合力強，能耐高電壓的性質優於氮化鎵。
特性	高頻運作、耐高溫、高效率	高功率運作、耐高電壓、耐高溫、高效率	
主要應用	無線通訊、5G/6G通訊等	電動車、電動車充電樁、再生能源發電設備等	

氮化鎵主要的優勢為高頻率上的應用；在高電壓與高功率的表現上，較不如碳化矽來的亮眼。氮化鎵材料廣為人知，其實是始於LED領域。2014年的一位諾貝爾獎得主，世稱「藍光之父」中村修二教授於1993年在日本日亞化學工作時，以GaN和InGaN（氮化銦鎵）成功開發出具高亮度的藍色發光LED，也因此湊齊了可發出三原色RGB（紅綠藍）光源的發光二極體，為人類帶來明亮節能的白色LED光源。目前氮化鎵主要的應用有無線充電、變壓器和變頻器等，為雷達、衛星通訊和無線通訊基地台等無線通訊設備的理想功率放大器元件。

碳化矽是由矽（Si）與碳（C）兩種元素組成，由於這兩種元素都是四價元素，因此化學結合力強，化學與機械性質皆安定，具有耐高電壓、耐高溫、低耗損與高功率的特性。目前碳化矽主要的應用如電動車、電動車充電基礎設施、太陽能與風力發電等再生能源發電設備等。SiC產業和GaN產業的生產製造與圖CH6-7砷化鎵產業的生產製造類似，分為設計、基板、磊晶、晶圓代工製造、封裝測試。

但GaN的晶圓分為GaN-on-Si（矽基氮化鎵）和GaN-on-SiC（氮化矽基氮化鎵）兩種晶圓進行製造，其中GaN-on-SiC的性能雖優於GaN-on-Si，但價格也相對高許多，使得目前市場的主流為GaN-on-Si。下頁表格整理與上述第三代半導體產業結構相關的「第三代半導體概念股」之幾家公司。

第三代半導體產業鏈的幾家相關公司

產業分類	代表性公司	備註
IC 設計	朋程（8255） 立積（4968）	朋程（8255）屬於中美晶集團，是車用整流二極體的龍頭公司，先以IGBT（絕緣柵雙極電晶體）模組進入電動車領域，又配合環球晶（6488）、嘉晶（3016）及漢磊（3707）開發SiC模組進入油電混合動力車等領域。
基板	環球晶（6488） 太極（4934） 昇陽半導體（8028）	環球晶（6488）積極擴增碳化矽SiC與GaN磊晶基板產線，預計2022年產能較2021年翻倍成長，是中美晶（5483）集團旗下子公司。 昇陽半導體（8028）經營SiC與GaN晶圓再生與薄化。
磊晶	嘉晶（3016） 全新（2455）	嘉晶（3016）是目前國內唯一可同時量產GaN與SiC的磊晶廠，未來兩年目標是將SiC產能擴充七至八倍。 全新（2455）之GaN-on-Si磊晶已打入台系國防工業應用客戶，已通過產品認證小量出貨中；目前也發展GaN-on-SiC應用於5G基地台業務。

晶圓 代工製造	漢磊（3707） 穩懋（3105） 環宇-KY （4991） 台積電 （2330） 宏捷科 （8086） 世界先進 （5347） 聯電（2303） 茂矽（2342）	漢磊（3707）是國內第一家同時具備GaN、SiC的第三代半導體晶圓代工廠，已量產之6吋GaN-on-Si晶圓代工，瞄準車用市場。 穩懋（3105）是化合物晶圓代工龍頭，在十年前即投入開發第三代半導體，目前GaN-on-SiC於5G基地台、衛星相關之應用已經有穩定出貨。 環宇-KY（4991）的產品是GaN-on-Si晶圓代工，目前主要服務美國基地台客戶，但量尚不大。 台積電（2330）已提供6吋GaN-on-Si代工。目前GaN市占第一名的美商IC設計公司Navitas，主要的代工廠就是台積電。 世界先進（5347）屬於台積電集團，也大力發展高功率氮化鎵代工製造技術。
封裝測試	聯鈞（3450） 菱生（2369） 捷敏-KY （6525）	聯鈞（3450）為全球最大雷射二極體封裝測試代工廠。 捷敏-KY（6525）為功率半導體封測大廠，已開發第三代半導體封測技術，瞄準方向在車用功率半導體。

買股一定要知道「台灣50指數」中的半導體成分股公司

Q 投資人常問：

什麼是台灣50指數？元大台灣卓越50基金（0050）成分股中有哪些公司是屬於半導體相關的產業？

　　「台灣50指數」是台灣證券交易所和富時指數（FTSE）在2002年10月共同合作編製的一個指數，該指數涵括台灣證券市場中前50大市值的上市公司，稱為台灣50指數成分股。

　　股票代碼為0050的「元大台灣卓越50基金」是由元大投信在2003年6月發行的第一支ETF（股票型指數基金，Exchange Traded Fund），常被簡稱為「ETF 0050」，「台灣50」，「元大50」或「元大台灣50」。ETF 0050追蹤的指數為「台灣50指數」，且採完全複製追蹤方式，意即完全依照該指數權重比例建立基金基本持股，因此具有像基金一樣穩定配息與持股分散降低風險的優點，也因此ETF 0050的成分股會隨著「台灣50指數」的成分股變更而跟著變動，因為上市公司的市值會隨著股價波動而起伏。右頁表格整理2022年第一季ETF 0050成分股中與半導體產業相關的公司。由表中可看出，台積電（2330）的資金比例佔了ETF 0050的資金將近一半，且成分股中與半導體產業相關的公司有22家之多。

ETF 0050成分股中與半導體產業相關的公司（資料來源：元大投信官網https://www.yuantaetfs.com/product/detail/0050/ratio,2022Q2）

名稱	代碼	比例（%）	備註
台積電	2330	44.77	晶圓代工龍頭廠
鴻海	2317	5.1	近來搶攻電動車及元宇宙商機
聯發科	2454	3.79	為IC設計公司，主要委外代工製造的晶圓廠為台積電（2330）
台達電	2308	1.87	伺服器、資料庫中心業務持續成長
中華電	2412	1.82	通訊網路電信事業
聯電	2303	1.8	晶圓代工製造大廠
日月光投控	3711	1.02	主要為IC封裝測試產業
華碩	2357	0.86	近年積極搶進物聯網領域，與聚焦工業4.0的製造業數位化升級商機
廣達	2382	0.83	筆電／雲端伺服器龍頭廠
欣興	3037	0.78	IC載板廠，屬於聯電集團
台灣大	3045	0.73	通訊網路電信事業

瑞昱	2379	0.68	IC設計公司
聯詠	3034	0.68	為邏輯IC設計公司，屬於聯電集團
亞德客-KY	1590	0.61	氣動元件大廠
矽力-KY	6415	0.59	電源管理晶片IC設計公司
研華	2395	0.56	工業電腦龍頭
友達	2409	0.56	投入Mini LED與Micro LED等前瞻顯示技術開發，強化面板產能布局
國巨	2327	0.55	被動元件龍頭廠
遠傳	4904	0.52	通訊網路電信事業
南電	8046	0.21	IC載板暨印刷電路板（PCB）大廠，屬於台塑集團
南亞科	2408	0.16	DRAM記憶體大廠，屬於台塑集團

結語

　　本章介紹了半導體IC製造的上游、中游、下游產業鏈，以及其彼此間的連動關係。簡單地說，上游產業是IC設計，中游產業是生產製造，而下游產業則是封裝測試。此外，本章也介紹了第一代、第二代、第三代半導體，這種三個世代的分類不是依照半導體的好壞程度作分類，而是依照不同的應用而對半導體材料的分類，因此這三種半導體IC製造的上游、中游、下游產業鏈的概念是相同的。第一代半導體的主要應用如CPU處理器與消費IC等；第二代半導體為LED與功率放大器（PA）等；第三代半導體主要在5G、綠能與電動車等方面應用。

CHAPTER 6
投資心法總結

❶ 半導體產業鏈分為上游、中游和下游產業，雖然很複雜，但可以很簡單地用房地產產業來類推想像。

1. **上游產業**：IC設計公司，例如聯發科（2454）。上游設計公司的IC設計圖可類比為建設公司請建築師繪製的房屋建築設計圖。

2. **中游產業**：與生產製造有關，例如台積電（2330）。中游產業在生產製造使用的空白晶圓可以想成準備蓋房子的素地，而晶圓廠內用於製程上的機台、設備與半導體耗材等就如同營造廠蓋房子所需的建築機具與建材等。

3. **下游產業**：與封裝測試相關，例如日月光控股（3711）。當晶圓完成製程後，將許多相同的IC製作在晶圓上就好像營造廠在建設公司原先規劃的素地上蓋好了許許多多相同的房子，而每一棟房子就是一顆IC；這些在晶圓上完成的IC接著需要靠下游產業完成封裝測試以成為可以賣錢的晶片，這些IC晶片就好像經過裝潢與完成驗收可以出售的裝潢屋。

4. **上中下游的連動影響**：以房地產產業間連動的例子來說明半導體產業裡上、中、下游的連動關係。如果水泥鋼鐵等建材漲價的話，受到影響最大的會是營造公司，因為基本資出的成本增加直接使得營

造公司的獲利減少。但建設公司也會間接受到影響，因為營造公司未來也會向建設公司增加營造報價。相同道理類推到半導體產業，如果空白晶圓或半導體製程所需的化學材料漲價，則晶圓製造公司的股價首當其衝受到影響外，上游的IC設計公司也會連帶受到影響。

❷ 在半導體晶片的製造上，**良率的高低**是非常重要的，高良率代表在同樣的成本下可有效地製造出較多可賣錢的IC晶片，低良率則表示IC產品設計或生產製造流程中的某些環節上出了問題，所以在相同成本下能製造出可賣錢的IC晶片較少。因此，半導體廠之主要產品的良率實乃決定該公司會賺錢或是賠錢，以及賺錢或賠錢的多寡。因此，雖然良率與先進製造技術都是投資時非常重要的兩個考量，但主要產品良率的重要性更甚。

Note

投報率最高！第一本圖解半導體產業投資指南
股市分析×資產配置×產業介紹，選對標的未來穩穩賺

想要財富自由嗎？讓本書來告訴你投資股票的秘訣！

作　　者	廖仁傑、劉傳璽、楊志強	
顧　　問	曾文旭	
社　　長	王毓芳	
編輯統籌	耿文國、黃璽宇	
主　　編	吳靜宜	
執行主編	潘妍潔	
執行編輯	吳芸蓁、吳欣蓉、范筱翎	
美術編輯	王桂芳、張嘉容	
封面設計	阿作	
法律顧問	北辰著作權事務所　蕭雄淋律師、幸秋妙律師	

初　　版	2023年05月	
出　　版	捷徑文化出版事業有限公司	
電　　話	（02）2752-5618	
傳　　真	（02）2752-5619	

定　　價	新台幣420元／港幣140元	
產品內容	1書	

總 經 銷	采舍國際有限公司	
地　　址	235新北市中和區中山路二段366巷10號3樓	
電　　話	（02）8245-8786	
傳　　真	（02）8245-8718	

港澳地區總經銷　和平圖書有限公司		
地　　址	香港柴灣嘉業街12號百樂門大廈17樓	
電　　話	（852）2804-6687	
傳　　真	（852）2804-6409	

書中圖片由Freepik網站提供。

國家圖書館出版品預行編目資料

投報率最高！第一本圖解半導體產業投資指南：
股市分析×資產配置×產業介紹，選對標的未來
穩穩賺/廖仁傑, 劉傳璽, 楊志強合著. -- 初版. --
[臺北市]：捷徑文化出版事業有限公司, 2023.05
　面；　公分（視界講堂：006）
ISBN 978-626-7116-31-9(平裝)

1.CST: 半導體工業　2.CST: 股票投資
3.CST: 投資分析　4.CST: 投資技術

563.53　　　　　　　　　　　　　112004191

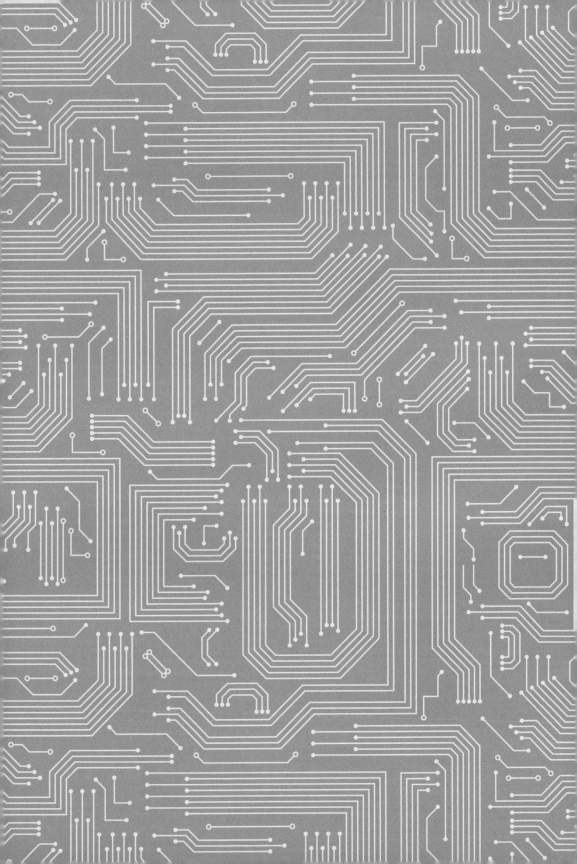

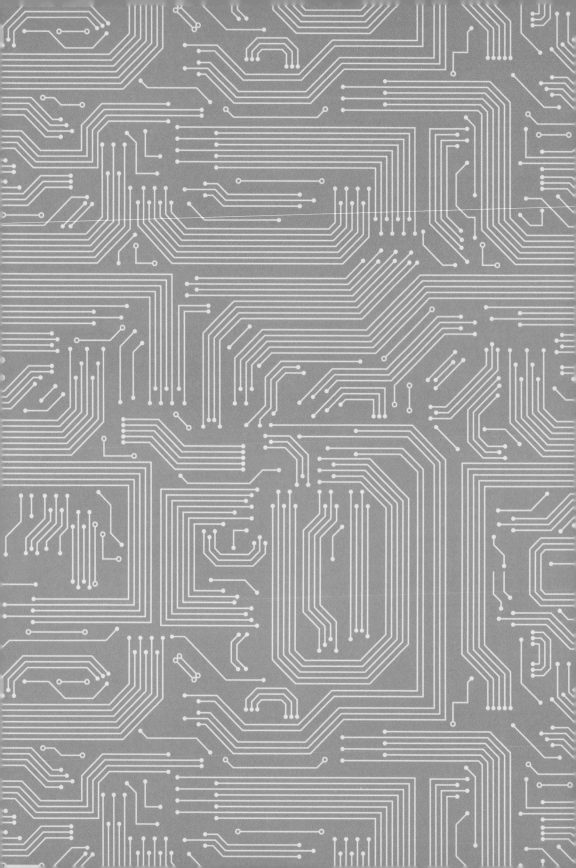

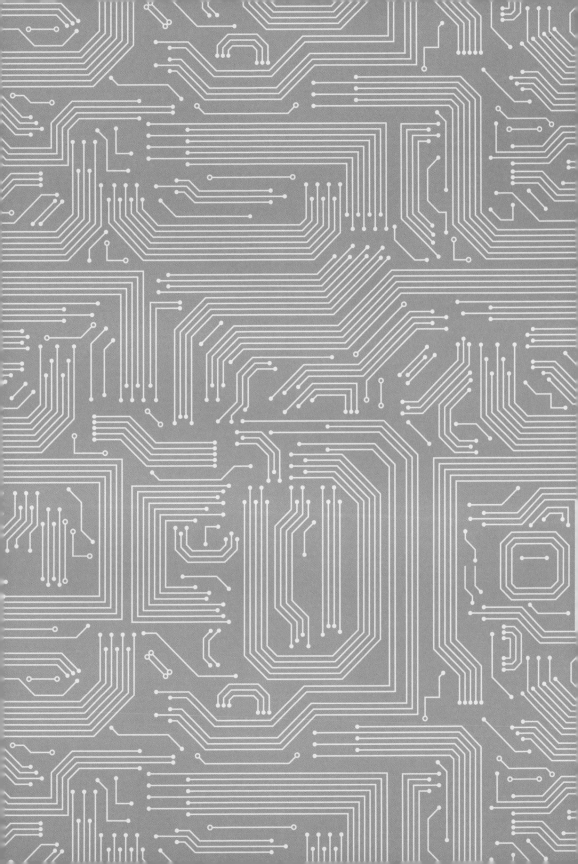

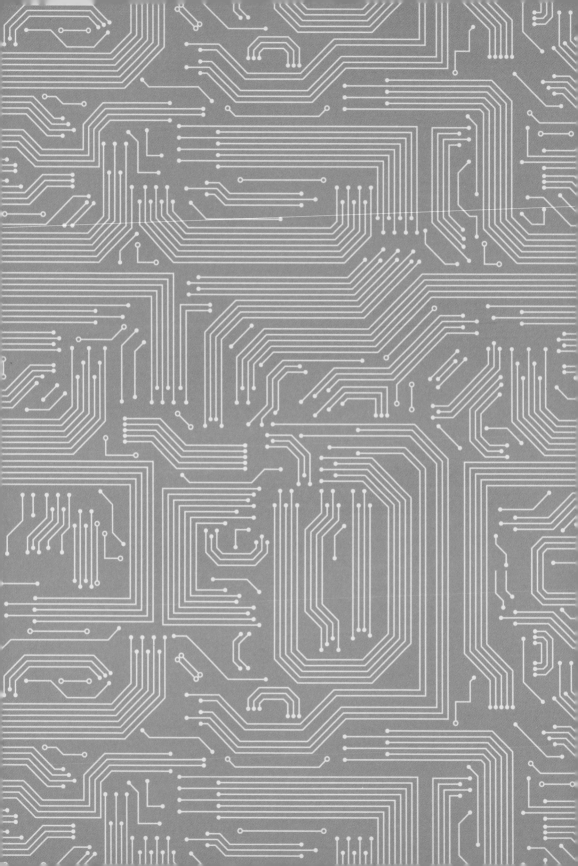